国家出版基金项目
NATIONAL PUBLICATION FOUNDATION

中国特色社会主义法律体系系列丛书

总主编 / 陈庆立　肖义舜

社会法
知识简明读本

主编 / 戴志强

中国民主法制出版社

图书在版编目（CIP）数据

社会法知识简明读本 / 戴志强主编．——北京：中国民主法制出版社，2011.12

（中国特色社会主义法律体系系列丛书 / 陈庆立　肖义舜总主编）

ISBN 978-7-80219-984-2

Ⅰ．①社… Ⅱ．①戴… Ⅲ．①社会法学—基本知识—中国 Ⅳ．① D90-052

中国版本图书馆 CIP 数据核字（2011）第 259564 号

图书出品人：肖启明
文 案 统 筹：刘海涛
责 任 编 辑：逯卫光　陈　曦

书　名／社会法知识简明读本
SHEHUIFAZHISHIJIANMINGDUBEN
作　者／戴志强　主编

出 版 · 发 行／中国民主法制出版社
地　址／北京市丰台区玉林里 7 号（100069）
电　话／63055259（总编室）　63057714（发行部）
传　真／63055259
E-mail：MZFZ@263.net
经　销／新华书店
开　本／16 开　710 毫米 ×1000 毫米
印　张／16.25　**字数**／176 千字
版　本／2012 年 3 月第 1 版　2012 年 3 月第 1 次印刷
印　刷／唐山新苑印务有限公司

书　号／ISBN 978-7-80219-984-2
定　价／34.00 元

《中国特色社会主义法律体系系列丛书》编委会

出版说明

中国特色社会主义法律体系的形成，是我国社会主义民主法制建设的重要里程碑，体现了改革开放和社会主义现代化建设的伟大成果，具有重大的现实意义和深远的历史意义。

中国特色社会主义法律体系形成后，基本解决了有法可依的问题，有法必依、执法必严、违法必究的任务就更为重要，同时也对加强法制宣传教育提出了新的更高的要求。为全面落实依法治国基本方略、加快建设社会主义法治国家进程，进一步增强全社会法治观念，我国制定了第六个五年普法规划。深刻学习领会中国特色社会主义法律体系的主要内容和精神实质，正是国家“六五普法”的一项重要任务。为了在全社会掀起新一轮法制宣传教育高潮，把普法教育与法治实践紧密结合起来，深入开展社会主义法治理念教育，推进社会主义法治文化建设，弘扬社会主义法治精神，形成人人自觉学法、守法、用法和依法行政、公正司法的社会环境，由中国人民大学、中国政法大学、著名律所的专家学者和全国人大机关的有关同志共同编撰了这套丛书。

本套丛书是国家“六五普法”推荐读物，全景展示了中国法制的特色，系统剖析了中国法律的精髓。丛书紧密结合中国特色社会主义法律体系的七大部门法，即宪法及宪法相关法、民法商法、行政法、经济法、社会法、刑法、诉讼与非诉讼程序法，分别从结构内涵、法律渊源、法律原则、基本特征、基本内容等方面进行了准确、系统、简要阐述。既有从法律体系角度的宏观把握，又有从部门法角度的概括说明；既有简明理论阐释，又有经典案例剖析；既有立法渊源、立法目的考察，又有法律文本重点知识解读。本套丛书内容全面准确、通俗易懂，具有很强的可读性和实用性，是机关、企事业单位、各类社会组织法制宣传的权威用书，也是广大公民进行普法教育、依法维权的实用读本。

近年来，源源不断面世的法学著作和普法读物，让我们从中汲取了无穷的智慧和知识，有的观点被本套丛书引用，在此向熟悉的和未曾谋面的专家学者表达敬意和感谢！虽然我们本着学习、研究、探索的治学态度，力求以最好的质量奉献给广大读者，但受时间和学识所限，书中难免有不足之处，恳请读者朋友不吝赐教。

编　者

2012 年初春于北京西交民巷 23 号院

以中国特色社会主义法律体系的形成为契机，在全社会掀起新一轮法制宣传教育的高潮[1]

（代　序）

深入开展法制宣传教育，是党的十七大和十七届五中全会提出的一项重大任务。前不久，胡锦涛总书记专门就弘扬社会主义法治精神发表了重要讲话，中央还批转了形成中国特色社会主义法律体系的报告和开展法制宣传教育的第六个五年规划。本次常委会会议，结合听取审议国务院关于“五五”普法工作情况的报告，作出了关于进一步加强法制宣传教育的决议。我们要认真学习领会胡锦涛总书记重要讲话精神，深入贯彻落实中央文件和全国人大常委会的决议，以中国特色社会主义法律体系的形成为契机，在全社会掀起新一轮法制宣传教育的高潮，加快形成自觉学法守法用法的社会氛围，为推进依法治国、

---

〔1〕摘自2011年4月22日吴邦国委员长在十一届全国人大常委会第二十次会议上的讲话。

全面建设小康社会营造良好的法治环境。这里，我想再强调三点。

一要树立长抓不懈的思想。开展法制宣传教育，是落实依法治国基本方略、建设社会主义法治国家的一项基础性工作。早在改革开放初期，邓小平同志就深刻指出："加强法制重要的是要进行教育，根本问题是教育人。"从1986年开始，我们连续实施了五个五年普法规划，广泛普及宪法和法律知识，深入推进各项事业依法治理，取得了明显成效。同时也要看到，要把我们这样一个历史上缺乏民主法制传统的国家建设成为社会主义法治国家，真正做到全社会都崇尚法律、遵守法律、维护法律，还有大量工作要做。特别是中国特色社会主义法律体系形成后，总体上解决了有法可依的问题，加强法制宣传教育，确保法律有效实施就显得更为突出、更加紧迫。我们要充分认识法制宣传教育的重要性、长期性和紧迫性，从全面落实依法治国基本方略、加快建设社会主义法治国家的高度出发，坚持立足当前、着眼长远，扎扎实实地把这项工作不断引向深入，切实做到持之以恒、长抓不懈。

二要着重提高依法办事的能力。深入开展法制宣传教育，根本目的是增强全社会法律意识，首先是提高公职人员特别是各级领导干部的法制观念，真正做到严格依法办事，只有这样才能让老百姓服气，才能在全社会形成良好的法治氛围。当前，我国既处于发展的重要战略机遇期，又处于社会矛盾凸显期，各种人民内部矛盾和社会矛盾多发，影响社会和谐的不稳定因素增多。坦率地讲，老百姓反映强烈的食品安全、征地拆迁、环境保护等方面的突出问题，并不是无法可依，也不能说领导干部和公职人员完全不知法，关键是在实际工作中不按法律办事，另搞一套，使得本来可以预防和化解的矛盾酿成了大问题。还有的甚至以权谋私、徇私枉法，严重损害人民群众切身利益，在社会上产生了很坏的影响。各级领导干部和公职人员要做学法守法用法的表率，熟练掌握依法行使职权必备的法律知识，牢固树立社会主义法治理念，严格依照法定权限和程序行使权力、履行职责，着力提高依法办事的能力和水平，在法治轨道上推动国家各项工作开展，保证把人民赋予的权力真正用来为人民谋利益。

三要紧密与法治实践相结合。深入开展法制宣传教育，关键是要增强实效。从这些年的实践看，很重要的一条经验，就是把普法教育与法治实践紧密结合起来，与我们正在做的事情紧密结合起来，在运用法律解决实际问题的过程中学习法律知识、增强法律意识、树立法治理念。要着眼于满足人民群众的实际法律需求，加强与人民群众生产生活密切相关的法律法规宣传，引导群众依法表达合理诉求、调解矛盾纠纷，善于运用法律维护自身合法权益。要认真总结以往法制宣传教育的好经验好做法，根据不同对象确定普法重点，采取群众喜闻乐见的方式，增强宣传教育的针对性和实效性。人大及其常委会要把立法和监督工作与法制宣传教育有机结合起来，进一步扩大公民对立法工作的有序参与，不断提高监督工作透明度，使立法和监督工作的过程成为宣传和普及法律、弘扬法治精神的过程。国家行政机关、审判机关、检察机关要在推进依法行政、公正司法的实践中，自觉学法守法用法，自觉接受人民监督，使执法和司法的过程也成为宣传和普及法律、弘扬法治精神的过程。

目　录

第一章　社会法概述

第一节　社会法的含义

一、社会的含义

“社会”一词的含义和使用十分广泛、灵活，可以作广义、狭义、中义三个层面的理解。

广义的“社会”，按照《中国大百科全书·社会学》的定义，“社会是指处于特定区域和时期、享有共同文化并以物质生产活动为基础的人类生活的共同体。”我们通常在广义上使用社会这一概念时，多指社会形态、社会类型等。马克思以物质生产方式为依据提出：“亚细亚的、古代的、封建的和现代资产阶级的生产方式可以看作是经济的社会形态演进的几个时代。”后来，人们将迄今为止的人类社会形态，概括为原始社会、奴隶社会、封建社会、资本主义社会、社会主义社会等。

狭义的“社会”，通常作为定语，多指公共的、大众的、不特定的、非盈利的等含义，使用的场合很广泛。有时指社会事业、社会保障；有时指社会组织、社会管理；有时指社会稳定、社会治安等。这些表述中的“社会”，与其所修饰的对象连用，范围上不尽相同，但都可以归为狭义的“社会”一类。

中义的“社会”，主要是着眼于经济、政治、文化、社会四位一体总体布局意义上的社会建设，相对于中国特色社会主义经济建设、政治建设、文化建设而提出的范围，也就是我们现在常讲的社会建设。

本书所指称的“社会”，主要是从中义层面的范围上来把握和定位。具体来讲，就是以社会保障、劳动就业、社会事业、社会组织、社会管理为基本内容，确立社会领域立法的范围；同时，经济、政治、文化等领域立法也要反映和体现加强社会建设的要求。

二、社会法的含义

社会法是在国家干预社会生活过程中逐渐发展起来的一个法律门类，所调整的是政府与社会之间、社会不同部门之间的法律关系。社会法是调整劳动关系、社会保障、社会福利和特殊群体权益保障等方面关系的法律规范的总和。主要是保障劳动者、失业者、丧失劳动能力的人和其他需要扶助的人的权益。社会法的目的在于从社会整体利益出发、对上述各种人的权益实行必要的、切实的保障。它包括劳动用工、工资福利、职业安全卫生、社会保险、社会救济、特殊保障等方面的法律。

（一）社会法以社会利益为本位

法律所追求的利益，可以分为国家利益、社会利益（即社会公共利益）和私人利益，不同的部门法，有不同的利益追求。民法追求个人的权利和自治，以个人利益为本位；经济法追求利益整合，追求经济秩序的良性运转，因而以社会经济利益为本位；社会法则以社会利益为直接追求对象，与经济法具有密切的联系。

（二）社会法是国家为解决社会问题而提供公力救济的法律

社会法最具特点的方面是以行政行为干预、介入司法关系。比如，在劳动关系中，用人方同劳动者具有平等的法律地位，但是用人方在现实中处于优势地位，为了保护处于弱势地位的劳动者，国家就进行干预，如制定最低工资法律、劳动安全保障法律等。

三、社会法与相关部门法

（一）社会法与民法

民法是调整平等主体之间财产关系和人身关系的法律规范的总称。平等主体之间的财产关系和人身关系，民法予以调整，社会法也在调整，但社会法调整的方法、目的则与民法有所不同，因此有人将社会法的这种调整称为“二次调整”。

（二）社会法与经济法

经济法是国家从整体经济发展的角度，对具有社会公共性的经济活动进行干预、管理和调控的法律规范的总称。社会法与经济法的相同之处在于，都是通过政府对社会进行调节、管理和救济。但前者主要是在非市场领域进行调节、管理和救济，后者主要是在市场领域进行调节、管理和救济。但市场领域和非市场领域的划分不是绝对的，因而经济法与社会法有重复的地方。

（三）社会法与行政法

所谓行政法，是指行政主体在行使行政职权和接受行政法制监督过程中与行政相对人、行政法制监督主体之间发生的各种关系，以及行政主体内部发生的各种关系的法律规范的总称。行政法赋予行政机关以行政手段管理社会的权力，社会法赋予行政部门以行政手段和其他手段调控和管理社会，但前者以国家利益为本位，后者以社会利益为本位。行政法在执行层面并不特别关注资源的分配，社会法则注重分配的正义。前者注重行政效率，后者注重社会保障。前者的执法主体主要是行政机关和法律法规授权的组织，后者的执法主体则要广泛得多。

第二节　社会法的性质和渊源

社会法以扶助弱势群体、增进社会公益、维护社会公共秩序的安定为重点，以保护与社会整体利益密切相关的公民经济、社会、文化权利为主旨的公、私法规范融合的法律群体的总称。

一、社会法的性质

社会法具有以下两个方面的性质：

（一）协调和解决社会成员基本生存发展方面的社会问题

这是社会法存在的目的。社会法就是为了保障社会弱者的生存和发展，如劳工问题、社会保障问题等。

（二）横跨公私两个领域，运用公私两种调整方法

社会问题不仅存在于公共领域，也存在于私人领域。实际上，私人领域与公共领域的划分并不是绝对的，有时二者又互相依存、互相转化，在社会问题方面尤其如此。社会法不单纯属于私法领域，也不单纯属于公法领域，而是跨越了公私两个领域。在调整方法上，社会法既运用公法方法，也运用私法方法。

二、社会法的渊源

法律的渊源，也称为法的表现形式，指那些由不同国家机关制定并具有不同法律效力法的外在表现形式。

我国社会法的渊源主要有以下几种：

（一）宪法

宪法是由全国人民代表大会依特别程序制定的具有最高效力的根本法。宪法是集中反映统治阶级的意志和利益，规定国家制度、社会制度的基本原则，具有最高法律效力的根本大法。宪法是我国的根本大法，在我国法律体系中具有最高的法律地位和法律效力，是我国最高的法律渊源。宪法主要由两个方面的基本规范组成：一是《中华人民共和国宪法》；二是其他附属的宪法性文件。

宪法中有关劳动、社会保障、社会福利的规范，就是社会法最高的法律渊源。

（二）法律

法律是指由全国人民代表大会和全国人民代表大会常务委员会制定颁布的规范性法律文件，即狭义的法律，其法律效力仅次于宪法。

法律分为基本法律和一般法律。基本法律是由全国人民代表大会制定的，如刑法、诉讼法以及有关国家机构的组织法等法律。一般法律是由全国人民代表大会常务委员会制定的，其调整范围较基本法律小，内容较具体，如拍卖法、著作权法等。

（三）行政法规

行政法规是国家最高行政机关，即国务院根据宪法和法律就有关执行法律和履行行政管理职权的问题，以及依据全国人大的特别授权所制定的规范性文件的总称。其法律地位和法律效力仅次于宪法和法律。

（四）地方性法规

地方性法规是指依法由有地方立法权的地方人民代表大会及其常委会就地方性事务以及根据本地区实际情况执行法律、行政法规的需要所制定的规范性文件。有权制定地方性法规的地方人大及其常委会包括省、自治区、直辖市人大及其常委会，较大的市的人大及其常委会。其中较大的市，指省、自治区人民政府所在地的市，经济特区所在地的市和经国务院批准的较大的市。

（五）政府规章

国务院各部、委员会、中国人民银行、审计署和具有行政管理职能的直属机构，以及省、自治区、直辖市人民政府和较大的市的人民政府所制定的规范性文件称规章。内容限于执行法律、行政法规，地方法规的规定，以及相关的具体行政管理事项。

（六）民族自治地方的自治条例和单行条例

根据宪法和民族区域自治法的规定，民族自治地方的人民代表大会有权依照当地民族的政治、经济和文化的特点，制定自治条例和单行条例，其适用范围是该民族自治地方。

（七）国际条约和行政协定

国际条约指我国与外国缔结、参加、签订、加入、承认的双边、多边的条约、协定和其他具有条约性质的文件（国际条约的名称，除条约外还有公约、协议、协定、议定书、宪章、盟约、换文和联合宣言等）。这些文件的内容除我国在缔结时宣布持保留意见不受其约束的条款以外，都与国内法具有一样的约束力，所以也是我国社会法的渊源。

行政协定指两个或两个以上的政府相互之间签订的有关政治、经济、贸易、法律、文件和军事等方面内容的协议。

法律解释在我国具有特定作用，在一定意义上也是社会法的渊源。

第三节 社会法的调整对象和调整方法

一、社会法的调整对象

法律的调整对象，是指法律所调整的社会关系。调整对象是法律进行分类的主要标准，任何法律部门都有其相应的调整对象。

社会法的调整对象主要包括以下几种：

（一）劳动关系

人最有意义的能动就是劳动。人人都有劳动的权利，也有劳动的义务。劳动关系是一种具有社会性的社会关系。在劳动关系中，劳动者无法同作为有产者的雇用方平等协商、讨价还价，处于弱势地位。正是由于劳动者和雇用者之间的这种不平衡，就必须通过国家干预和社会协调的方法进行调整，以保障劳动者的合法权益，进而促进社会和谐、实现社会公平与正义。

（二）社会保障关系

在任何一个社会都有社会强者和社会弱者，而保障社会弱者的生存和发展问题是现代社会的应有之责。社会保障，就是要动用全社会的力量去保障社会上那些仅凭自己的能力和努力无法生存和发展的社会弱者，使其能够有尊严地生存和发展。

（三）其他关系

在中国特色社会主义法律体系中，社会法相比于其他法律部门还处于相对初级阶段。因此，社会立法成为当前和今后一个时期国家立法的重要内容。随着社会的发展，也会有越来越多的社会关系需要社会法来调整。

二、社会法的调整方法

经由社会法调整所形成法律关系中的权利义务主体之间不具有对等性关系。承担义务的一方并不享有相对应的权利，享有权利的一方不承担相对应的义务。义务主体在社会法法律关系中具有优势地位，义务主体一旦不履行相应义务，就导致权利主体的基本权利受到根本威胁。权利主体在社会法律关系中处于弱势地位，一旦权利主体在社会法法律关系中应该享有的权利没有获得保障，将会给其所处的弱势地位带来更加不利的影响，直接威胁到权利主体的基本权利。这一特性决定了社会法的调整方法不同于私法的调整方法，也不同于公法的调整方法，而是把公法与私法的调整方法融合到一起形成的一种新的调整方法，即采取了行政、民事、刑事等诸多规制手段综合并用的方式。

第四节　社会法的基本原则和法律体系

一、社会法的基本原则

法的基本原则，是指对实现法的任务和作用一般地起指导作用的规范内容。法律规范是具体的，基本原则是抽象的。法律规范是将基本原则具体化；基本原则是将法律规范抽象化和概括化。

社会法的基本原则可以归纳为：

（一）权利保障普遍原则

权利保障普遍原则，是指权利保障的对象应该包括社会全体成员，所有成员之间应该是平等的，应受到一视同仁的对待。权利保障的对象是全体民众而非个体、部分。坚持这一原则是社会法自身的要求。凡是符合保障条件的对象，都可依据社会法都有权要求得到保障。生存保障是社会法的最根本依据，客观上每个成员都有可能受到生存的威胁，他们都是社会法提供权利保障范围的对象。

（二）适度保障原则

适度保障原则，主要是指权利保障水平应与社会自身的经济发展水平相适应。一个社会能提供的社会保障水平受经济规模与经济发展水平、社会结构、人口结构、历史、政治、社会保障历史建制长度等因素的制约。在适度区域内的社会保障水平客观上可以促进经济社会自身的发展，过高或过低的保障水平都会对社会产生不利的影响，从而反过来影响社会保障的可持续性。判断一个社会提供的社会保障水平是否适度的标准是社会保障制度是否有助于实现自身的良性发展，能否促进国民经济的进一步发展，能否持续保障公民的某种程度的生活水平。判断适度需要考虑的主要因素包括：社会保障制度提供给需要社会保障的成员经济生活水平是否能够抵御不可抗拒的社会风险；提供保障的支出能力是否与社会发展水平相适应且国民经济的各个方面能否接受；是否有助于促进就业和统一的劳动力市场形成。社会保障水平是动态变化的，它随着社会人口的变化、社会制度的成熟和社会生产力水平变动而变动。

（三）平等性原则

权利保障平等性原则的主要含义是反对歧视。它要求在社会法适用范围内的所有对象，都能在不受歧视的情况下平等普遍地适用法律，尤其是享受权利的公民更不应该受到任何歧视。普遍性原则是从义务主体的角度要求义务主体在提供相应保障给权利主体时所应当遵循的要求，平等性原则是从权利主体的角度要求义务主体在提供相应保障给权利主体时，权利主体之间所享有的机会、条件及保障是没有差别的，同等状况受到同等对待。

（四）向社会弱势群体倾斜原则

社会法的立法应向弱势群体倾斜。事实上，目前的社会存在着许多种类的处于相对弱势地位的人群，如果完全按照民法的原则进行交易，则会损害他们的合法利益，甚至威胁到他们的生存。因此，社会法通过加大保护，以维护这部分群体的利益。比如在劳动领域，制定最低工资标准、劳动安全卫生标准等。

二、社会法的法律体系

社会法的法律体系是指由调整社会法法律关系组成的内容体系和形式体系相统一的法律法规有机联系整体。

社会法主要包括以下内容：

（一）扶助弱势群体的社会法

主要是指特定人群社会保障方面的法律法规，如残疾人保障法、未成年人保护法、妇女权益保障法、老年人权益保障法等。

（二）劳动者权益的社会法

如关于劳动合同、劳动安全、劳动报酬等方面的法律法规，如劳动法、劳动合同法、职业病防治法、安全生产法、就业促进法等。

（三）其他的社会法

如增进和保障社会福利实现的法律法规，如公益事业捐赠法、红十字会法、工会法等。

第五节　社会法的权利救济

社会法的权利救济，主要是指社会法关系中的权利主体依法享有的、要求社会法义务主体为一定行为或不为一定行为的权利受到侵权时，权利主体有权请求义务主体履行义务，赔偿损失；义务主体的行为触犯法律时，应当承担相应的法律责任。在社会法的调整方法中，具体采用的制裁方式包括民事制裁、行政制裁和刑事制裁三种。

一、民事责任

依据在社会法形成的法律关系中主体地位是否平等，可以分为平等主体之间的侵权法律关系和非平等主体之间的侵权法律关系。因此追究侵权行为的法律救济途径就各不相同。

（一）普通侵权行为

该类行为是指没有劳动隶属关系的平等主体当事人彼此之间发生的侵权行为。如果是发生这类侵权行为，就属于普通民事侵权行为，适用有关普通侵权行为民事法律程序加以解决。

（二）劳动争议行为

即有劳动关系的平等主体当事人之间发生的侵权行为，如非法削减工伤待遇、产假待遇、工资待遇，等等引发争议的行为，这类侵权行为应被界定为劳动争议，劳动调解、劳动仲裁和劳动诉讼等方式就是解决该类劳动争议的法律途径。

（三）行政争议行为

即社会法关系中的社会保障管理机构与社会权益人这类非平等主体之间的侵权行为，该类侵权行为争议被定性为行政争议，适用行政诉讼或行政复议等途径来解决争端。

二、行政责任

社会法所形成的法律关系中，社会保障管理机构与行政相对人之间形成多种多样的社会保障行政关系，在由社会法调整所形成的法律关系中的义务主体违反社会法规定的，都将承担相应的行政责任。

三、刑事责任

此类责任，应当依据规定需要承担刑事责任的相关法律条文判断是否承担刑事责任及承担何种刑罚处罚。

第二章　社会保障法

第一节　社会保障法概述

一、社会保障

(一) 社会保障的特征

社会保障作为法律概念，最早由1935年美国颁布的《社会保障法》所引入。1952年第35届国际劳工大会通过了《社会保障公约》，使得社会保障这一概念迅速被世界各国所采用。我国的社会保障制度相较于西方国家建立的时间晚，但进入21世纪后得到迅速发展。

社会保障是指国家立法强制规定的，由国家和社会出面实行的，对公民在年老、疾病、伤残、失业、死亡、面临生活困难时给予物质帮助，以保障公民及其家庭基本生活需要并根据社会经济的发展逐步提高生活水平的制度。

社会保障具有以下特点：

1．社会保障的提供主体是国家和社会；

2．社会保障具有强制性，由国家立法强制规定和实施；

3．对公民在特定情形下提供物质帮助；

4．保障价值是为了实现社会公平正义；

5．保障要达到的水平是满足公民的基本需求和提高公民在某些方面的生活水平。

（二）我国社会保障的主要内容

我国社会保障的主要内容包括社会保险、社会福利、社会优抚、社会救助等。经过多年努力，我国初步形成了以城镇职工社会保险（即养老保险、医疗保险、失业保险、工伤保险和生育保险，简称五险）、城镇居民最低生活保障和农村社会保障为主要内容的社会保障体系。

在这几种不同保障内容的范畴中，它们之间的主要区别有：

1．实施的对象不同

社会保险是以工资收入为主要生活来源的劳动者为对象，包括在职和退休的劳动者；社会福利和社会救助是以全体社会成员为对象。

2．实施的条件不同

社会保险是以权利义务为对等原则，劳动者享受劳动保险是以尽了劳动义务和缴纳劳动保险费为前提条件；享受社会福利和社会救助是体现国家和社会对全体成员的责任和义务，不需要承担另外的缴费义务。

3．实施的方式不同

医疗保险和养老保险采取个人账户与统筹相结合的办法；工伤保险和生育保险则取决于其受伤程度和生育费用；失业保险依据的是失业人员所在地的生活水平。社会救助是根据公民的收入水平和其家庭成员的状况来决定的。社会福利主要是通过向社会成员提供福利设施和服务来实施的。

4．资金的来源不同

社会保险资金来源于劳动者个人和单位缴纳的保险费用，国家财政只是适当补贴；社会福利和社会救助资金来源于国家财政和社会各界的捐助，社会成员没有缴纳的义务。

（三）影响社会保障的主客观因素

社会保障体现了一国在某一历史时期社会保障的战略方向和运行原则。因此，它会受到主客观多方面因素的影响，主要包括：

1．社会经济发展水平

社会经济发展水平是一切社会事业的物质基础，因此也是发展社会保障事业的物质基础。社会经济发展水平制约国民收入的再分配状况，社会保障资金来源于国民收入的初次分配和再分配，因此社会经济发展水平是制约社会保障的主要因素。它决定了社会保障模式的结构、规模和保障标准等。

2．社会经济制度

社会保障制度的最终目的反映了社会制度的本质，其是为特定的社会经济制度服务的。

3．经济运行状况

社会保障制度是经济运行的减震器和安全阀，通过对劳动者的保障为经济运行创造稳定的社会环境来促进经济的增长。经济运行状况影响着社会保障的覆盖范围、保障的重点内容和水平等。

4．经济理论和经济政策导向

不同的经济理论和不同时期的经济政策对社会保障制度的构建也起着不可估量的影响。人口因素、教育政策、社会福利、社会保险、社会优抚等都制约着社会保障制度的建设。

5．历史文化传统因素

在社会保障制度建设的过程中，历史文化因素影响下的思想观念、价值标注、价值评判起着重要作用，文化传统、生产方式、生活方式及历史传统都对社会保障制度的建设发挥着作用。

二、社会保障法的概念

社会保障法是调整社会保障关系的法律规范，是在调整国家、社会和社会成员之间，在保障社会成员或者特殊群体基本生活及发展的权利的活动中所产生的社会保障关系的法律规范的总称。

（一）社会保障关系的主体

依据在社会保障关系中的地位和权利义务的不同，社会保障关系的主体可以分为以下几种：

1．受益主体是全体社会成员

全体社会成员都可以成为社会保障的受益者，这是由社会保障的普惠性所决定的。

2．缴费主体是用人单位

用人单位是社会保障费的主要承担者，当然，国家和个人也要承担相应的责任。国家在一定条件下要予以支持、补贴。个人要依据法律规定缴纳相应的费用。

3．责任主体、行政主体是国家或政府

社会保障制度的建立要以国家责任为基础，地方各级政府在法定范围内要承担一定的责任。一方面，社会保障运作需要大量的资金，需要政府财政支持。在社会保障基金出现不足时，政府有义务予以补足；另一方面，社会保障的运作政府负有管理监督责任。

4．服务主体是社会保障管理和经办机构

世界各国一般都把行政职能和管理服务职能分开，把社会保障交由非行政机构或者半官方机构管理。我国各地都设立了社会保险机构，承担办理社会保险的登记、保险金的缴纳和发放等工作。

（二）社会保障关系的属性

1．社会保障关系是人身关系和财产关系的结合。

2．社会保障关系是一种社会连带责任关系。

3．社会保障关系中的权利义务具有非对等性。

（三）社会保障关系的分类

每个法律部门都有自己特定的调整对象。社会保障关系从不同的角度可以作出多种划分。依其内容不同，可以分为社会保障关系、社会救助关系、社会福利关系，以及优抚安置关系。依社会保障的体制来划分，又可以分为社会保障管理关系、社会保障资金筹集关系、社会保障给付关系、社会保障资金运营关系、社会保障监督关系等。从法律关系的主体看，社会保障法的调整对象包括以下社会关系：

1．国家行政机关与公民之间的关系

例如，国家行政机关根据国家制定的社会保障法律法规规定的社会救济、社会福利等给符合条件的公民发放相关待遇时，与公民之间发生的关系。

2．国家行政机关与企事业单位、社会团体等之间的关系

例如，为贯彻执行社会保障法律法规，征缴社会保险费，国家行政机关与企事业等单位发生的关系。

3．企事业单位、社会团体等与公民之间的关系

例如，企事业单位因执行社会保障法律法规而与公民之间发生的社

会关系。

三、社会保障法的特征

社会保障法律制度具有以下特征：

（一）社会性

社会保障法是典型的社会法，因而社会性是社会保障法最主要的特征。

社会保障法律制度的社会性表现在：

第一，以社会利益为根本目的。

社会保障法律制度以社会利益为根本诉求，保障社会全体成员的生活安全是其根本宗旨。

第二，权利主体的普遍性。

社会保障的对象是全体社会成员。只要符合享受社会保障待遇的相关条件，任何社会成员都可以享受相关社会保障待遇。随着经济的发展，可以享受保障的成员数目及可享受的社会保障项目会越来越多，享受的社会保障待遇越来越高。

第三，社会保障责任和义务的社会化。

社会保障通过立法，采取国家、用人单位和社会成员共同负担的方式，将责任和义务分散到整个社会，以资金来源的多渠道来保证社会保障的正常运转。

（二）严格的法定性

社会保障法作为社会法，其不同于私法的意思自治。它带有明显的法定性。从社会保障经费的征收到社会保障经费的管理、发放，都必须有明确的法律规定，任何单位和个人不能任意更改。

（三）实体法与程序法的相互统一性

实体法和程序法是一种互为依存的关系，有一定的实体法，就有与之对应的程序法，如民法与民事诉讼法、刑法与刑事诉讼法。社会保障法则不然，其既有实体性法律规范，又有程序性法律规范，并非具单一特性的实体法或程序法。之所以如此，其原因在于社会保障法所调整关系的复杂性。例如工伤保险条例，既有权利主体所享受的权利义务的实体规定，又有权利主体资格认定以及相应的程序性规定。

四、社会保障法的作用

社会保障法律制度具有以下作用：

（一）它是建立和发展市场经济所必需的保障制度

社会保障法律制度是建立和发展市场经济的必然要求。市场经济是人类社会历史进步过程中不可逾越的经济发展阶段，而社会保障法律制度是建立和完善市场经济的必要条件之一。

如果一个国家缺少完备的社会保障体系，特别是缺少产业工人的社会保险，那么，这个国家构建任何一种市场经济体制都是不可能的。

（二）它是社会公平的调节器

社会公平，是人类社会发展中客观产生的一种需要。在市场经济条件下，强调效率和效益，必然导致人们之间收入相差十分悬殊，强者越来越富有，弱者则日益贫困，甚至难以安身立命。这样下去必然会产生许多社会问题，这些社会问题反过来又影响社会的健康发展。因此，为了解决这一社会问题，就需要运用社会保障法律制度对社会经济生活进行干预，通过提供社会保障，在一定程度上缩小社会成员之间的贫富差距，保障所有社会成员能够有尊严地生活，以促进社会公平目标的实现。

（三）它是维护社会稳定的安全网

没有社会的稳定，就没有经济的发展和人类的进步，而社会保障则是维护社会稳定的安全网。社会保障法律制度本身就是一种社会安全体系，它通过对弱势群体（如没有生活来源者、失业者）提供救助，满足其基本生活需要，消除社会成员的不安全感，从而维护社会稳定。因此，社会保障法律制度又被誉为“社会安全网”和“社会减震器”。

第二节　社会保险法

一、社会保险法的概念

社会保险法是调整社会保险关系的法律规范的总称。社会保险法建立在劳动关系的基础之上，受益主体主要是与用人单位建立劳动关系的劳动者。我国的社会保险法主要包括养老保险法、失业保险法、工伤保险法、医疗保险法和生育保险法等。

社会保险法所调整的社会保险关系，既不同于平等主体之间的私法关系，也不同于公法关系，而是具有公私混合的社会法属性。社会保险法属于社会法范畴，其原因在于：

1．社会保险法以社会利益为本位。

2．社会保险法以实质正义为价值追求。

3．社会保险法以强制性的调整手段为主。

二、社会保险法的基本原则

社会保险法第三条规定："社会保险制度坚持广覆盖、保基本、多层次、可持续的方针，社会保险水平应当与经济社会发展水平相适应。"这一规定基本确立了我国社会保险法的基本原则。

（一）普遍性原则

普遍性原则，是指社会保险的覆盖范围的普遍性，法律应当尽量将尽可能多的人纳入到社会保险制度中，使其享受相应的社会保险待遇。我国宪法规定，我国公民享有社会保障的权利，国家应建立和完善相应的社会保障制度。社会保险法第二条规定："国家建立基本养老保险、基本医疗保险、工伤保险、失业保险、生育保险等社会保险制度，保障公民在年老、疾病、工伤、失业、生育等情况下依法从国家和社会获得物质帮助的权利。"

（二）强制性保险原则

强制性保险原则，是指国家通过立法，规定指定范围的公民均应投保并缴纳相关保费。这一原则体现了社会保险法律制度的强制性和保险性。

（三）基本生活保障原则

基本生活保障原则要求社会保险水平应当与经济社会发展水平相适应。一方面，社会保险待遇不仅应维系被保险人的基本生活，而且应该能够使被保险人有尊严地生活；另一方面，在确定保险待遇水平时，应当与社会经济的整体发展相适应。

（四）可持续性原则

这一原则要求社会保险制度能够在保险缴费与支付保险待遇上要保持一定的平衡。因为社会保险待遇的给付主要来源于社会保险缴费，因此社会保险待遇的确定要根据保险精算来确定保险费率，从而保证社会保险制度运作的可持续性。

三、社会保险法律制度

具体内容参见“《中华人民共和国社会保险法》重点知识解读”。

第三节　养老保险法律制度

人口老龄化在世界各国日趋明显，我国人口老龄化问题亦开始凸显，老龄化进程加快。完善保障老年人各项权利尤其是社会保险权利成为现代社会文明进步的标志。因此，养老保险普遍被各国作为重要的社会保障制度，我国也建立了相应的养老保险制度。

我国宪法第四十四条规定：“国家依照法律规定实行企业事业组织的职工和国家机关工作人员的退休制度。退休人员的生活受到国家和社会的保障。”第四十五条规定：“中华人民共和国公民在年老、疾病或者丧失劳动能力的情况下，有从国家和社会获得物质帮助的权利。国家发展为公民享受这些权利所需要的社会保险、社会救济和医疗卫生事业。”根据宪法的这些规定，我国建立了以宪法相关规定为统领、劳动法等法律法规为主体的养老保险法律制度。

一、养老保险制度的概念

养老保险（或养老保险制度）也称为老年保险，是国家通过立法强制建立养老保险基金，为保障劳动者达到法定退休年龄并退出工作岗位时，可以从养老保险基金中领取保证其基本生活的养老金的一种社会保险制度。也就是说，国家和社会根据一定的法律法规，为解决劳动者在达到国家规定的解除劳动义务的劳动年龄界限，或因年老丧失劳动能力退出劳动岗位后的基本生活而建立的一种社会保险制度。它主要包含三层含义：

1．养老保险是老年人在法定范围内完全或基本退出社会劳动生活后自动发生作用的。

2．养老保险是以提供稳定可靠的生活来源保障老年人的基本生活需求为其目的的。

3．养老保险是通过社会保险来达到保障目的的。

养老保险制度是实现社会安全的重要保障，对于劳动者个人及其家庭乃至整个社会都具有重要意义：

第一，养老保险分担了家庭养老的负担，有利于被保险人及其家庭的生存保障及进行正常的生产生活。

第二，养老保险有利于社会和谐安定。

第三，从长远看，养老保险有利于社会经济的发展，养老保险水平本身也反映了社会经济文化发展的水平。

二、养老保险的特点

养老保险具有以下特点：

（一）由国家立法强制参加

我国法律明确规定，企业单位和个人都必须参加养老保险，符合养老条件的人就可向社会保险部门领取养老金。

（二）养老保险费用来源分散筹集

养老保险费一般由国家、单位和个人三方承担，单位和个人按照一定比例按月交纳。

（三）养老保险管理专业化

由于养老保险影响范围大，费用支出庞大，享受人员多且时间较长，具有广泛的社会性。因此，国家设置专门机构，对养老保险实行现代化、专业化、社会化的统一规划和管理。

（四）养老保险待遇给付具有持续性

养老保险金在被保险人退休后直至死亡都是持续性地给付。生育保险、医疗保险则是一次性地给付。

（五）养老保险应对风险的确定性

劳动者因年老退出工作岗位需要社会保障是可以预测并必然发生的现象，因此，每个人都需要养老保险，以保证自己晚年的基本生活需要。

三、我国养老保险的立法概况

中国的养老保险立法始于新中国成立之后。建国后颁布的四部宪法都规定了我国公民在年老的情况下有获得物质帮助的权利。这是养老保险立法的最根本依据。

1951 年，政务院颁布了《中华人民共和国劳动保险条例》，条例规定，男职工年满 60 周岁、女职工年满 50 周岁退休，退休职工享受退休养老金待遇。1953 年、1956 年扩大了劳动保险条例的实施范围。

1955 年 12 月，国务院颁布了《国家机关工作人员退休处理暂行规定》。根据该暂行规定，国家机关工作人员退休年龄为男年满 60 周岁，女年满 55 周岁。

1958 年 2 月和 3 月，国务院又分别发布了《国务院关于工人、职员退休处理的暂行规定》和《国务院关于工人、职员退职处理的暂行规定》。4 月，劳动部发布了《国务院关于工人、职员退休处理的暂行规定实施细则》。上述规定对退休年龄和退休待遇作了明确规定，对何种情形可以按退职处理也作出了具体明确的规定。

1966 年 4 月，第二轻工业部等单位制定了《关于轻、手工业集体所有制企业职工、社员退休统筹暂行办法》和《关于轻、手工业集体所有制企业职工、社员退职处理暂行办法》，扩大了人员覆盖范围，在我国社会养老保险立法史上具有重要意义。

1978 年 6 月，经全国人大常委会批准，国务院发布了两个重要法规：《国务院关于工人退休、退职的暂行办法》和《国务院关于安置老弱病残干部的暂行办法》。这两个办法关于退休年龄的规定与 1958 年暂行规定基本相同，但其相关内容为解决处理大批历史遗留问题提供了依据。

改革开放后，我国在养老保险领域主要进行了三个方面的改革和完善：第一是统筹养老基金；第二是扩大覆盖面；第三是统一基本养老保险制度。

统筹养老金首先是从企业开始的。1982 年开始试点将企业的养老金由自筹改为社会统筹，1984 年在全国普遍推行。

1992年农业部颁布了《乡镇企业职工养老保险办法》，劳动部发出了《关于全民所有制企业职工实行基本养老保险基金省级统筹的意见的通知》。

1991年6月，国务院发布了《关于企业职工养老保险制度改革的决定》，根据该决定，1993年7月劳动部制定了《企业职工养老保险基金管理规定》，明确了企业职工养老金的征集、支付和管理。

此外，国务院还发布了四个重要文件：《国务院关于深化企业职工养老保险制度改革的通知》（1995年3月）、《国务院关于建立统一的企业职工基本养老保险制度的决定》（1997年7月）、《国务院关于实行企业职工基本养老保险省级统筹和行业统筹移交地方管理有关问答题的通知》（1998年8月）和《社会保险费征缴暂行条例》（1999年1月）。至此，我国的企业养老保险制度基本确定。

另外，1993年国务院颁布的《国家公务员暂行条例》再次规定，公务员退休年龄为男年满60周岁，女年满55周岁。为了使我国农村地区也能享受到养老保险待遇，2009年，国务院发布了《关于开展新型农村社会养老保险试点的指导意见》，在部分农村地区进行了养老保险试点。

全国人大及其常委会先后制定的社会保险法、劳动法、劳动合同法等是养老保险最重要的法律制度。

四、养老保险的基本内容

我国的养老保险制度主要分为三大相对独立的部分，即基本养老保险制度、补充养老保险制度和农村养老保险制度。

（一）基本养老保险制度

基本养老保险制度，是根据法律的规定用人单位和劳动者依法缴纳保险费用，劳动者在退休或者退出劳动岗位后，依法从社会保险经办机构领取养老保险待遇的制度。关于基本养老保险的法律法规主要有劳动法、社会保险法、劳动合同法、《社会保险费征缴暂行条例》等。

1．基本养老保险的适用范围

根据我国的法律法规，基本养老保险实行普遍性原则和强制性原则，因此基本养老保险的适用范围极其广泛。主要包括以下几类主体：

第一，用人单位及其职工。用人单位包括企业、个体经济组织、民办非企业单位等组织、国家机关、事业单位、社会团体等，职工则是与上述用人单位建立劳动关系的劳动者。这里的劳动关系既包括长期劳动合同关系，也包括短期或者临时劳动合同关系。

第二，实行企业化管理的事业单位及其职工。劳动合同法施行前，此类事业单位及其工作人员主要适用机关、事业单位养老保险制度，不参与城镇职工基本养老保险。在该法施行后，根据规定除法律、行政法规或者国务院另有规定外，此类事业单位及其工作人员都应适用劳动合同法的规定，应参加城镇职工基本养老保险。

第三，无雇工的个体工商户、未在用人单位参加基本养老保险的非全日制从业人员以及其他灵活就业人员。社会保险法明确规定，上述人员可以参加基本养老保险，并由个人缴纳基本养老保险费。

另外，社会保险法还规定，公务员和参照公务员法管理的工作人员养老保险的办法由国务院规定。

2．基本养老保险资金的筹集

我国职工基本养老保险采取社会统筹和个人账户相结合的模式，因此基本养老保险费的筹集主要包括社会统筹基金和个人账户两个部分。

(1) 社会统筹基金

社会统筹基金主要由以下资金来源组成:

一是用人单位和被保险人依法缴纳的基本养老保险费。用人单位和被保险人缴纳的保险费是社会统筹基金的主要来源。根据规定,基本养老保险费由用人单位依法定比例按时缴纳。无雇工的个体工商户、未在用人单位参加基本养老保险的非全日制从业人员以及其他灵活就业人员参加基本养老保险则自己缴费,其缴费基数为当地上年度在岗职工平均工资,比例为20%。

二是基本养老保险费利息和其他收益。

三是财政补贴。社会保险法第十三条明确规定:"国有企业、事业单位职工参加基本养老保险前,视同缴费年限期间应当缴纳的基本养老保险费由政府承担。基本养老保险基金出现支付不足时,政府给予补贴。"

四是滞纳金。滞纳金是企业未按期缴纳养老保险费时,由法定的收缴部门责令其限期缴纳,逾期仍不缴纳的,除补缴欠缴数额外,从欠缴之日起,按日加收0.2%的滞纳金。这些滞纳金应并入社会保险基金。

五是其他可以纳入基本养老保险基金的资金。

(2) 个人账户

目前,我国养老保险的个人账户全部由个人缴费形成。缴费职工按月以本人工资的8%缴纳。无雇工的个体工商户、未在用人单位参加基本养老保险的非全日制从业人员以及其他灵活就业人员参加社会保险也采取社会统筹和个人账户相结合的方式,但是,相关费用全部由参加人自己承担,其缴费基数为当地上年度在岗职工平均工资,缴费比例为20%，其中8%记入个人账户。

3．领取基本养老保险的条件

符合下列条件的，可以从社保机构按月领取基本养老金：

一是达到国家规定的退休年龄并办理相关手续。国家法定的企业职工退休年龄是：男职工年满60周岁，女职工年满50周岁，女干部年满55周岁。从事井下、高空、高温、特别繁重体力劳动或其他有害身体健康工作（以下称特殊工种）的，退休年龄为男年满55周岁、女年满45周岁；因病或非因工致残，由医院证明并经劳动鉴定委员会确认完全丧失劳动能力的，退休年龄为男年满50周岁、女年满45周岁。除了国家明确规定的外，严格限制提前退休。

二是达到国家规定的缴费年限。按规定缴纳基本养老保险费累计缴费年限满15年的，按月领取基本养老金。参加基本养老保险的个人，达到法定退休年龄时累计缴费不足15年的，可以缴费至满15年，按月领取基本养老金；也可以转入新型农村社会养老保险或者城镇居民社会养老保险，按照国务院规定享受相应的养老保险待遇。

4．基本养老保险待遇的给付标准

《国务院关于完善企业职工基本养老保险制度的决定》（国发〔2005〕38号）规定养老保险待遇采用以下三种方式计发。分为三种：

第一，“老人老办法”。

2006年1月1日以前已经退休的人员，仍按国家原来的规定发给基本养老金，同时执行基本养老金调整办法。

第二，“中人中办法”。

《国务院关于建立统一的企业职工基本养老保险制度的决定》（国发〔1997〕26号）实施以前参加工作，2006年1月1日以后退休且缴费年限累计满15年的，在发给基础养老金和个人账户基础上，再发给过渡性养老金。具体办法由各省、自治区、直辖市制定。

第三，“新人新办法”。

《国务院关于建立统一的企业职工基本养老保险制度的决定》（国发〔1997〕26号）实施后参加工作、缴费年限（含视同缴费年限，下同）累计满15年的，退休后按月发给基本养老金。基本养老金由基础养老金和个人账户养老金组成。退休时的基础养老金月标准以当地上年度在岗职工月平均工资和本人指数化月平均缴费工资的平均值为基数，缴费每满1年发给1%。个人账户养老金月标准为个人账户储存额除以计发月数，计发月数根据职工退休时城镇人口平均预期寿命、本人退休年龄、利息等因素确定。

5．基本养老保险关系的转移接续

为切实保障参加城镇企业职工基本养老保险人员的合法权益，促进人力资源合理配置和有序流动，保证参保人员跨省、自治区、直辖市（以下简称跨省）流动并在城镇就业时基本养老保险关系转移接续顺畅，人力资源和社会保障部、财政部制定了《城镇企业职工基本养老保险关系转移接续暂行办法》。该办法规定，参保人员跨省流动就业的，由原参保所在地社会保险经办机构开具参保缴费凭证，其基本养老保险关系应随同转移到新参保地。参保人员达到基本养老保险待遇领取条件的，其在各地的参保缴费年限合并计算，个人账户储存额（含本息）累计计算；未达到待遇领取年龄前，不得终止基本养老保险关系并办理退保手续。

（二）补充养老保险制度

企业补充养老保险也叫企业年金，是指在国家基本养老保险的基础上，依据国家政策和本企业经济状况建立的、旨在提高职工退休后生活水平的一种养老保险制度，是基本养老保险制度的重要补充。2004年我国颁布了《企业年金试行办法》和《企业年金基金管理试行办法》，这表明企业年金制度已走上了法治化、规范化的道路。

1．建立企业年金的条件

符合下列条件的企业，可以建立企业年金：

（1）依法参加基本养老保险并履行缴费义务；

（2）具有相应的经济负担能力；

（3）已建立集体协商机制。

2．企业年金的建立

建立企业年金，应当由企业与工会或职工代表通过集体协商确定，并制订企业年金方案。国有及国有控股企业的企业年金方案草案应当提交职工大会或职工代表大会讨论通过。

企业年金方案应当包括以下内容：

（1）参加人员范围；

（2）资金筹集方式；

（3）职工企业年金个人账户管理方式；

（4）基金管理方式；

（5）计发办法和支付方式；

（6）支付企业年金待遇的条件；

（7）组织管理和监督方式；

（8）中止缴费的条件；

（9）双方约定的其他事项。

企业年金方案适用于企业试用期满的职工。企业年金方案应当报送所在地区县以上地方人民政府劳动保障行政部门。中央所属大型企业的企业年金方案，应当报送劳动保障部。劳动保障行政部门自收到企业年金方案文本之日起15日内未提出异议的，企业年金方案即行生效。

3．企业年金基金

企业年金基金由下列各项组成：企业缴费；职工个人缴费；企业年金基金投资运营收益。企业年金所需费用由企业和职工个人共同缴纳。企业缴费每年不超过本企业上年度职工工资总额的1/12，并按照企业年金方案规定比例计算的数额计入职工企业年金个人账户。职工个人缴费额计入本人企业年金个人账户。

4．企业年金的领取

职工在达到国家规定的退休年龄时，可以从本人的企业年金个人账户中一次或定期领取企业年金。但是，如果职工未达到国家规定的退休年龄的，不得从个人账户中提前提取资金。出境定居人员的企业年金个人账户资金，可根据本人要求一次性支付给本人。

职工或退休人员死亡后，其企业年金个人账户余额由其指定的受益人或法定继承人一次性领取。

（三）农村养老保险制度

农村养老保险，是指以农村非城镇户籍的居民为保险对象的养老保险制度。社会保险法规定，国家建立和完善新型农村社会养老保险制度，并就新型农村社会养老保险基金的来源、享受条件和领取方式作了原则规定。

1．新型农村社会养老保险的基本原则、任务目标和参保范围

（1）基本原则

新农保试点的基本原则是“保基本、广覆盖、有弹性、可持续”。

一是从农村实际出发，低水平起步，筹资标准和待遇标准要与经济发展及各方面承受能力相适应；

二是个人（家庭）、集体、政府合理分担责任，权利与义务相对应；

三是政府主导和农民自愿相结合，引导农村居民普遍参保；

四是中央确定基本原则和主要政策，地方制定具体办法，对参保居民实行属地管理。

（2）任务目标

探索建立个人缴费、集体补助、政府补贴相结合的新农保制度，实行社会统筹与个人账户相结合，与家庭养老、土地保障、社会救助等其他社会保障政策措施相配套，保障农村居民老年基本生活。2020年之前基本实现对农村适龄居民的全覆盖。

（3）参保范围

年满16周岁（不含在校学生）、未参加城镇职工基本养老保险的农村居民，可以在户籍地自愿参加新农保。

2．新型农村社会养老保险基金

新农保基金由个人缴费、集体补助和政府补贴构成。

（1）个人缴费。参加新农保的农村居民应当按规定缴纳养老保险费。缴费标准目前设为每年100元、200元、300元、400元、500元五个档次，地方可以根据实际情况增设缴费档次。

（2）集体补助。有条件的村集体应当对参保人缴费给予补助，补助标准由村民委员会召开村民会议民主确定。

（3）政府补贴。政府对符合领取条件的参保人全额支付新农保基础养老金，其中中央财政对中西部地区按中央确定的基础养老金标准给予全额补助，对东部地区给予50%的补助。

3．养老金待遇

年满60周岁、未享受城镇职工基本养老保险待遇的农村有户籍的老年人，可以按月领取养老金。养老金待遇由基础养老金和个人账户养老金组成，支付终身。中央确定的基础养老金标准为每人每月55元。地方政府可以根据实际情况予以提高。个人账户养老金的月计发标准为个人账户全部储存额除以139。参保人死亡，个人账户中的资金余额，除政府补贴外，可以依法继承；政府补贴余额用于继续支付其他参保人的养老金。

第四节　医疗保险法律制度

医疗保险是由国家或社会在人们生病或受到伤害后给予提供医疗服务或经济补偿等物质帮助的一种社会保障制度。医疗保险有利于保护劳动能力；促进生产力的提高和经济的发展；推动人权保障事业的完善；是建立健全社会保障体系和医疗保健体系、卫生服务体系、保障公民生命健康权的重要手段。

一、医疗保险的概念

医疗保险是指人们因为生病或非因工负伤需要治疗时，由国家或社会为其提供必要的医疗服务及物质帮助的一种社会保险法律制度。

我国20世纪50年代初建立的公费医疗和劳保医疗统称为职工医疗保险。它是国家社会保障制度的重要组成部分，也是社会保险的重要项目之一。我国的医疗保险实施四十多年来，在保障职工身体健康和维护社会稳定等方面发挥了积极的作用。但是，随着社会主义市场经济体制的确立、国有企业改革的不断深化，这种制度已难以解决市场经济条件下的职工基本医疗保障问题。因此，需要提出相应的解决方式。职工医疗保险制度通常由国家立法强制实施建立，由用人单位和个人共同缴纳，医疗保险费由医疗保险机构支付费用的基金制度。医疗保险就是由国家或社会在人们生病或受到伤害后给予提供医疗服务或经济补偿等物质帮助的一种社会保障制度。

二、我国医疗保险制度的特征

我国目前的医疗保险制度包括城镇职工医疗保险、城镇居民医疗保险和新型农村合作医疗保险。另有商业补充医疗保险，只是它具有商业性质。

医疗保险除具有互济性、强制性、社会性等基本特征外，还具有以下特征：

（一）实质公平性

作为社会法的一部分，社会保障法以矫正社会分配不公为己任。医疗保险待遇的享受不与保险人缴费多少直接联系。

（二）适用范围的广泛性

疾病作为人生中不可预料的事情对每个个体都现实存在，因此，其适用的广泛性就非常必要。人人都有权平等获得医疗服务成为医疗保险的基本要求。

（三）强制性和自愿性相结合

我国目前对城镇职工实行强制性的医疗保险制度。对城镇居民基本医疗保险制度和新型农村合作医疗保险制度实施的是自愿原则。

（四）社会性

医疗保险费的征缴、运作及发放都具有社会性，其目的也是为了社会的健康发展。所以，医疗保险待遇虽是个人所享受，但其意义却不仅仅是个人待遇，而是社会经济发展水平的体现，是社会文明程度的体现。

三、医疗保险法律关系主体

医疗保险制度中，涉及多方医疗保险法律关系主体。其中包括：政府、医疗保险机构、被保险人、医疗服务机构和用人单位。

（一）政府

政府在医疗保险中的义务主要有：

1. 制定法律法规和政策，为医疗保险运行提供制度性框架和法律依据。

2. 确保医疗保险的规范发展，监督医疗机构的运行。

3. 发展公共卫生事业，提供社会医疗救助，为医疗保险制度提供配套服务。

4. 对医疗保险制度提供必要的财政支持，保障医疗保险制度的必要经费保障。

（二）医疗保险机构

我国医疗保险机构的主要义务是负责医疗保险基金的筹集、管理和支付，确立医疗服务机构与服务方式，确定合适的医疗支付方式并实施医疗保险费用的结算，有效监督医疗服务机构和被保险人。

（三）被保险人

被保险人是承担缴纳医疗保险费和享受医疗服务的权利义务主体。

（四）医疗服务机构

定点医院是我国医疗保险制度中的医疗服务机构，是通过劳动保障行政部门资格审定，与社会保险经办机构签订合同，为被保险人提供医疗服务的医疗机构。

（五）用人单位

用人单位负有缴纳医疗保险相关费用的义务。

四、城镇职工基本医疗保险制度

根据社会保险法、《社会保险费征缴暂行条例》以及《国务院关于完善企业职工基本养老保险制度的决定》等的规定，我国城镇职工基本医疗保险制度主要包括以下内容：

（一）适用范围

根据社会保险法的规定，职工基本医疗保险的覆盖范围包括城镇所有用人单位及其职工，如企业、机关、事业单位、社会团体、民办非企业单位及其职工。

无雇工的个体工商户、未在用人单位参加职工基本医疗保险的非全日制从业人员以及其他灵活就业人员可以参加职工基本医疗保险，由个人按照国家规定缴纳基本医疗保险费。

（二）基本医疗保险基金的筹集

基本医疗保险费由用人单位和职工共同缴纳，用人单位缴费率应控制在职工工资总额的6%左右，职工缴费率一般为本人工资收入的2%。随着经济发展，用人单位和职工缴费率可作相应调整。参加职工基本医疗保险的个人，达到法定退休年龄时累计缴费达到国家规定年限的，退休后不再缴纳基本医疗保险费。

为了不降低一些特定行业职工现有的医疗消费水平，在参加基本医疗保险的基础上，作为过渡措施，允许建立企业补充医疗保险。企业补充医疗保险费在工资总额4%以内的部分，从职工福利费中列支，福利费不足列支的部分，经同级财政部门核准后列入成本。

目前，基本医疗保险原则上以地级以上行政区（包括地、市、州、盟）为统筹单位，也可以县（市）为统筹单位，北京、天津、上海3个直辖市原则上在全市范围内实行统筹（以下简称统筹地区）。所有用人单位及其职工都要按照属地管理原则参加所在统筹地区的基本医疗保险，执行统一政策，实行基本医疗保险基金的统一筹集、使用和管理。铁路、电力、远洋运输等跨地区、生产流动性较大的企业及其职工，可以相对集中的方式异地参加统筹地区的基本医疗保险。为解决基本医疗保险统筹层次太低的问题，社会保险法规定，医疗保险要逐步实行省级统筹，具体时间、步骤由国务院规定。

（三）基本医疗保险待遇的给付

参保人员医疗费用中应当由基本医疗保险基金支付的部分，主要是指符合基本医疗保险药品目录、诊疗项目、医疗服务设施标准以及急诊、抢救的医疗费用，由社会保险经办机构与医疗机构、药品经营单位直接结算。也就是说，这部分费用不用参保人员自己先行垫付。这无疑是一个巨大进步，大大方便了参保人员。同时，社会保险行政部门和卫生行政部门还应当建立异地就医医疗费用结算制度，方便参保人员享受基本医疗保险待遇。

但是，下列医疗费用不纳入基本医疗保险基金支付范围：

1．应当从工伤保险基金中支付的；

2．应当由第三人负担的；

3．应当由公共卫生负担的；

4．在境外就医的。

根据法律规定，医疗费用依法应当由第三人负担的，第三人不支付或者无法确定第三人的，由基本医疗保险基金先行支付。基本医疗保险基金先行支付后，有权向第三人追偿。

（四）基本医疗保险关系的转移接续

个人跨统筹地区就业的，其基本医疗保险关系随本人转移，缴费年限累计计算。

五、新型农村合作医疗保险制度

新型农村合作医疗保险制度，是由政府组织、引导、支持，农民自愿参加，个人、集体和政府多方筹资，以大病统筹为主的农民医疗互助共济制度。社会保险法原则性规定，国家建立和完善城镇居民社会养老保险制度。由省、自治区、直辖市人民政府根据实际情况，可以将城镇居民社会养老保险和新型农村社会养老保险合并实施。

（一）新型农村合作医疗保险的覆盖范围

农村居民是新型农村合作医疗保险的主要覆盖人群。农民以家庭为单位自愿参加新型农村合作医疗。这与其他社会保险如城镇职工基本医疗保险有很大不同。后者是实行强制性原则，而前者必须遵循自愿原则。

2003年以来，新型农村合作医疗试点工作积极、稳妥地推进，取得了显著成效，较好地完成了工作预期目标。经国务院新型农村合作医疗部际联席会议研究决定，从2007年开始，全国新型农村合作医疗由试点进入全面推进阶段，覆盖全国80%以上的县（市、区）。

（二）资金的筹集

新型农村合作医疗制度实行农民个人自愿缴费、集体扶持和政府资助相结合的筹资机制。

1．个人缴费

个人缴费是新型农村合作医疗筹资的基础。除对低保人群实行救助办法外，参加新型农村合作医疗的农村居民都应缴费。从2011年开始，农民个人缴费为每人每年50元。

2．集体扶持

如果集体经济存在，就应尽力扶持。

3．政府资助

从2011年起，各级财政对新型农村合作医疗的补助标准从每人每年120元提高到每人每年200元。其中，原有120元中央财政补助继续按照原有补助标准给予补助，新增80元中央财政补助对西部地区补助80%，对中部地区补助60%，对东部地区（含京津沪）按一定比例补助。确有困难的个别地区，地方财政负担的补助增加部分可分两年到位。原则上农民个人缴费提高到每人每年50元，困难地区可以分两年到位。将农村重度残疾人的个人参合费用纳入农村医疗救助资助范围。有条件的地区应当结合当地实际，加大筹资力度，让群众更多受益。

（三）医疗费用的支付

按照目前的政策，新型农村合作医疗立足于大病保险。根据卫生部、民政部、财政部《关于做好2011年新型农村合作医疗有关工作的通知》的精神，要将新农合政策范围内的住院费用报销比例提高到70%左右，统筹基金最高支付限额提高到全国农村居民年人均纯收入的6倍以上，且不低于5万元。将重性精神疾病患者经常服药费用纳入门诊统筹或门诊特殊病种费用支付范围。按照卫生部、人力资源和社会保障部、民政部、财政部、中国残联五部门《关于将部分医疗康复项目纳入基本医疗保障范围的通知》（卫农卫发〔2010〕80号）的要求，将9类残疾人康复项目纳入新农合支付的诊疗项目范围。

第五节 工伤保险法律制度

人类社会进入工业社会以后，机械化生产方式和化工产品的大范围使用使劳动者遭受职业伤害的可能性大大增加，在客观上促使了工伤保险的产生。职业伤害所造成的直接后果是伤害到职工的生命健康，并由此造成职工及家庭成员的精神痛苦和经济损失，也就是说劳动者的生命健康权、生存权和劳动权利受到影响、损害甚至被剥夺了。1994年7月5日，第八届全国人民代表大会常务委员会第八次会议审议通过的《中华人民共和国劳动法》第七十三条规定："劳动者在下列情况下，依法享受社会保险待遇：……（三）因工伤残或者患职业病；（四）失业；（五）生育。"这就以国家法律的形式保障了工伤者及其亲属享受工伤保险待遇。国务院制定的《工伤保险条例》就参加工伤保险的范围、资金的筹集、工伤认定、工伤待遇等作了具体而明确规定。

一、工伤的概念及其范围

工伤是指劳动者在生产、劳动过程中，因执行职务行为、工作或从事与生产劳动有关的活动，发生意料之外的伤、残、患职业病和死亡等事件。

我国《工伤保险条例》第十四条规定："职工有下列情形之一的，应当认定为工伤：

（一）在工作时间和工作场所内，因工作原因受到事故伤害的；

（二）工作时间前后在工作场所内，从事与工作有关的预备性或者收尾性工作受到事故伤害的；

（三）在工作时间和工作场所内，因履行工作职责受到暴力等意外伤害的；

（四）患职业病的；

（五）因工外出期间，由于工作原因受到伤害或者发生事故下落不明的；

（六）在上下班途中，受到非本人主要责任的交通事故或者城市轨道交通、客运轮渡、火车事故伤害的；

（七）法律、行政法规规定应当认定为工伤的其他情形。"

第十五条第一款规定："职工有下列情形之一的，视同工伤：

（一）在工作时间和工作岗位，突发疾病死亡或者在 48 小时之内经抢救无效死亡的；

（二）在抢险救灾等维护国家利益、公共利益活动中受到伤害的；

（三）职工原在军队服役，因战、因公负伤致残，已取得革命伤残军人证，到用人单位后旧伤复发的。”

同时，根据职业病防治法第二条的规定，《职业病目录》上所列的各种疾病也属于工伤范畴。但是如果属于故意犯罪、醉酒或者吸毒、自残或者自杀的，则不得认定为工伤或者视同工伤。

二、工伤保险的概念、特征

工伤保险，是指国家和社会给在生产和工作中受到因事业疾病、事故伤害的劳动者提供生活保障、医疗救治、身体康复、职业康复上的经济和物质帮助的一种社会保障制度。即给予劳动者本人或其供养的配偶、直系亲属因劳动者在工作中或法定的特殊情况下发生意外事故，或因职业性有害因素而患病、负伤、致残、死亡时的物质帮助的一项社会保险制度。

工伤保险具有的特征包括：

1．劳动者不缴纳工伤保险费用，相关费用由用人单位承担。这是工伤保险和生育保险与其他社会保险的区别。

2．工伤保险为强制险，是用人单位必须缴纳的保险。

3．遵循无过错原则，即只要劳动者不是故意造成工伤事故，都应该享有工伤保险，无论受到伤害的职工是否有过失。用人单位必须承担工伤保险责任。

4．工伤保险适用于我国境内的各类企业和有雇工的个体工商户。

5．工伤保险待遇由法律直接规定。

根据新修订的《工伤保险条例》规定，中华人民共和国境内的企业、事业单位、社会团体、民办非企业单位、基金会、律师事务所、会计师事务所等组织和有雇工的个体工商户（以下称用人单位）应当参加工伤保险，为本单位全部职工或者雇工（以下称职工）缴纳工伤保险费。

三、工伤保险基金的筹集

工伤保险基金来源于以下几个方面：

1．用人单位缴纳的工伤保险费，即中华人民共和国境内的企业、事业单位、社会团体、民办非企业单位、基金会、律师事务所、会计师事务所等组织和有雇工的个体工商户都要缴纳工伤保险费。

2．因未按规定缴纳工伤保险费的滞纳金。

3．工伤保险费的利息。

4．法律法规规定的其他资金。

工伤保险基金逐步实行省级统筹。跨地区、生产流动性较大的行业，可以采取相对集中的方式异地参加统筹地区的工伤保险。具体办法由国务院社会保险行政部门会同有关行业的主管部门制定。

四、工伤认定

（一）工伤认定申请期限

职工发生事故伤害或者按照职业病防治法规定被诊断、鉴定为职业病，所在单位应当自事故伤害发生之日或者被诊断、鉴定为职业病之日起30日内，向统筹地区社会保险行政部门提出工伤认定申请。遇有特殊情况，经报社会保险行政部门同意，申请时限可以适当延长。

用人单位未按规定提出工伤认定申请的，工伤职工或者其近亲属、工会组织在事故伤害发生之日或者被诊断、鉴定为职业病之日起1年内，可以直接向用人单位所在地统筹地区社会保险行政部门提出工伤认定申请。

（二）工伤认定应提交的材料

提出工伤认定申请应当提交下列材料：

1．工伤认定申请表，申请表应当包括事故发生的时间、地点、原因以及职工受伤害程度等基本情况。

2．与用人单位存在劳动关系（包括事实劳动关系）的证明材料。

3．医疗诊断证明或者职业病诊断证明书（或者职业病诊断鉴定书)。

（三）受理和认定

工伤认定申请人提供的材料不完整的，社会保险行政部门应当一次性书面告知工伤认定申请人需要补正的全部材料。申请人按照书面告知要求补正材料后，社会保险行政部门应当受理。

社会保险行政部门受理工伤认定申请后，应当自受理之日起60日内作出工伤认定的决定，对事实清楚、权利义务明确的工伤认定申请，应当在15日内作出工伤认定的决定，并书面通知申请工伤认定的职工或者其近亲属和该职工所在单位。社会保险行政部门根据审核需要可以对事故伤害进行调查核实，用人单位、职工、工会组织、医疗机构以及有关部门应当予以协助。

五、工伤保险待遇

职工享受的工伤待遇主要有：

（一）工伤医疗期间待遇

1．医疗待遇

职工因工作遭受事故伤害或者患职业病进行治疗，享受工伤医疗待遇。治疗工伤所需费用符合工伤保险诊疗项目目录、工伤保险药品目录、工伤保险住院服务标准的，从工伤保险基金支付。工伤保险诊疗项目目录、工伤保险药品目录、工伤保险住院服务标准由国务院社会保险行政部门会同国务院卫生行政部门、食品药品监督管理部门等部门规定。

职工住院治疗工伤的伙食补助费，以及经医疗机构出具证明，报经办机构同意，工伤职工到统筹地区以外就医所需的交通、食宿费用从工伤保险基金支付，基金支付的具体标准由统筹地区人民政府规定。

工伤职工到签订服务协议的医疗机构进行工伤康复的费用，符合规定的，从工伤保险基金支付。

2．停工留薪待遇

职工因工作遭受事故伤害或者患职业病需要暂停工作接受治疗的，在停工留薪期内，原工资福利待遇不变，由用人单位支付。根据规定，停工留薪期一般不超过 12 个月。伤情严重或者情况特殊，经设区的市级劳动能力鉴定委员会确认，可以适当延长，但延长期不得超过 12 个月。工伤职工评定伤残等级后，停发原待遇，按照有关规定享受伤残待遇。工伤职工在停工留薪期满后仍需治疗的，继续享受工伤医疗待遇。

3．生活护理待遇

生活不能自理的工伤职工在停工留薪期需要护理的，由所在单位负责。

（二）伤残待遇

1．生活护理待遇

工伤职工已经评定伤残等级并经劳动能力鉴定委员会确认需要生活护理的，从工伤保险基金按月支付生活护理费。生活护理费按照生活完全不能自理、生活大部分不能自理或者生活部分不能自理 3 个不同等级支付，其标准分别为统筹地区上年度职工月平均工资的50%、40%或者30%。

2．伤残待遇

职工因工致残被鉴定为一级至四级伤残的，保留劳动关系，退出工作岗位，享受以下待遇：

（1）从工伤保险基金按伤残等级支付一次性伤残补助金，标准为：一级伤残为27个月的本人工资，二级伤残为25个月的本人工资，三级伤残为23个月的本人工资，四级伤残为21个月的本人工资；

（2）从工伤保险基金按月支付伤残津贴，标准为：一级伤残为本人工资的90%，二级伤残为本人工资的85%，三级伤残为本人工资的80%，四级伤残为本人工资的75%。伤残津贴实际金额低于当地最低工资标准的，由工伤保险基金补足差额；

（3）工伤职工达到退休年龄并办理退休手续后，停发伤残津贴，按照国家有关规定享受基本养老保险待遇。基本养老保险待遇低于伤残津贴的，由工伤保险基金补足差额。

职工因工致残被鉴定为五级、六级伤残的，享受以下待遇：

（1）从工伤保险基金按伤残等级支付一次性伤残补助金，标准为：五级伤残为18个月的本人工资，六级伤残为16个月的本人工资；

（2）保留与用人单位的劳动关系，由用人单位安排适当工作。难以安排工作的，由用人单位按月发给伤残津贴，标准为：五级伤残为本人工资的70%，六级伤残为本人工资的60%，并由用人单位按照规定为其缴纳应缴纳的各项社会保险费。伤残津贴实际金额低于当地最低工资标准的，由用人单位补足差额。

经工伤职工本人提出，该职工可以与用人单位解除或者终止劳动关系，由工伤保险基金支付一次性工伤医疗补助金，由用人单位支付一次性伤残就业补助金。一次性工伤医疗补助金和一次性伤残就业补助金的具体标准由省、自治区、直辖市人民政府规定。

职工因工致残被鉴定为七级至十级伤残的，享受以下待遇：

(1) 从工伤保险基金按伤残等级支付一次性伤残补助金，标准为：七级伤残为13个月的本人工资，八级伤残为11个月的本人工资，九级伤残为9个月的本人工资，十级伤残为7个月的本人工资；

(2) 劳动、聘用合同期满终止，或者职工本人提出解除劳动、聘用合同的，由工伤保险基金支付一次性工伤医疗补助金，由用人单位支付一次性伤残就业补助金。一次性工伤医疗补助金和一次性伤残就业补助金的具体标准由省、自治区、直辖市人民政府规定。

（三）因工死亡保险待遇

职工因工死亡，其近亲属按照下列规定从工伤保险基金领取丧葬补助金、供养亲属抚恤金和一次性工亡补助金：

1．丧葬补助金

丧葬补助金为6个月的统筹地区上年度职工月平均工资。

2．供养亲属抚恤金

供养亲属抚恤金按照职工本人工资的一定比例发给由因工死亡职工生前提供主要生活来源、无劳动能力的亲属。标准为：配偶每月40%，其他亲属每人每月30%，孤寡老人或者孤儿每人每月在上述标准的基础上增加10%。核定的各供养亲属的抚恤金之和不应高于因工死亡职工生前的工资。

3．一次性工亡补助金

一次性工亡补助金标准为上一年度全国城镇居民人均可支配收入的20倍。

伤残职工在停工留薪期内因工伤导致死亡的，其近亲属享受上述规定的待遇。

一级至四级伤残职工在停工留薪期满后死亡的，其近亲属可以享受丧葬补助金和供养亲属抚恤金。

六、工伤保险争议的处理

劳动争议调解仲裁法和《工伤保险条例》对工伤保险争议的解决方式和程序作了明确规定。

（一）劳动争议处理

《工伤保险条例》规定，职工与用人单位发生工伤待遇方面的争议，按处理劳动争议的有关规定处理。劳动争议调解仲裁法也明确规定，“中华人民共和国境内的用人单位与劳动者发生的下列劳动争议，适用本法：……（四）因工作时间、休息休假、社会保险、福利、培训以及劳动保护发生的争议；（五）因劳动报酬、工伤医疗费、经济补偿或者赔偿金等发生的争议；（六）法律、法规规定的其他劳动争议。”

（二）行政复议和行政诉讼

新修订的《工伤保险条例》简化了工伤保险争议的处理程序，增加了职工的选择权，尤其是取消了行政复议这一前置程序。

根据《工伤保险条例》第五十五条规定，有下列情形之一的，有关单位或者个人可以依法申请行政复议，也可以依法向人民法院提起行政诉讼：

1．申请工伤认定的职工或者其近亲属、该职工所在单位对工伤认定申请不予受理的决定不服的；

2. 申请工伤认定的职工或者其近亲属、该职工所在单位对工伤认定结论不服的；

3. 用人单位对经办机构确定的单位缴费费率不服的；

4. 签订服务协议的医疗机构、辅助器具配置机构认为经办机构未履行有关协议或者规定的；

5. 工伤职工或者其近亲属对经办机构核定的工伤保险待遇有异议的。

第六节 失业保险法律制度

失业保险，是社会保障体系的重要组成部分，是社会保险的主要项目之一。失业保险制度具有重大社会意义：失业保险能保障失业者在获得一定保障后过上有尊严的正常生活，有利于维护社会秩序的安定；失业保险帮助失业者渡过生活困难并组织专业训练，使失业者获得新的技能，提高就业能力，能重新上岗；失业保险使企业解除后顾之忧，为企业提供了求新进步的润滑剂。

一、失业保险的概念及其特征

失业保险是指国家通过立法强制实行的，由社会集中建立基金，对因失业而暂时中断生活来源的劳动者提供物质帮助的制度。失业保险就是通过社会保险的方式保障非自愿性失业者劳动收入中断后的基本生活。

失业保险有以下几个主要特点：

1．普遍性

失业保险是为了保障有工资收入的劳动者失业后的基本生活而建立的，覆盖范围包括劳动力队伍中的多数成员。适用范围是所有企业事业单位及其职工，其职工应不分用工形式，参保单位为各部门和各行业。解除或终止劳动关系后，只要本人符合条件都享受失业保险待遇。我国失业保险的适用范围充分体现了普遍性原则。

2．强制性

失业保险是国家通过制定法律、法规来强制实施的。按照规定，在失业保险制度覆盖范围内的单位及其职工必须参加失业保险并履行缴费义务。根据有关规定，不履行缴费义务的单位和个人都应当承担相应的法律责任。

3．互济性

失业保险基金主要来源于社会筹集，由单位、个人和国家三方共同负担，缴费比例、缴费方式相对稳定，筹集的失业保险费，不分来源渠道，不分缴费单位的性质，全部并入失业保险基金，在统筹地区内统一调度使用以发挥互济功能。

4．福利性

失业保险是在劳动者丧失收入的情况下，获得基本的再就业帮助和物质帮助，是国民收入再分配的制度之一。

二、我国失业保险法律制度

（一）覆盖范围

根据《失业保险条例》的规定，我国失业保险的覆盖范围包括国有企业、城镇集体企业、外商投资企业、城镇私营企业、城镇其他企业及其职工、事业单位及其职工。

（二）基金的筹集

《失业保险条例》第五条规定了失业保险基金的构成：

1．城镇企业事业单位、城镇企业事业单位职工缴纳的失业保险费。城镇企业事业单位按照本单位工资总额的2%缴纳失业保险费。城镇企业事业单位职工按照本人工资的1%缴纳失业保险费。城镇企业事业单位招用的农民合同制工人本人不缴纳失业保险费。

2．失业保险基金的利息。

3．财政补贴。统筹地区的失业保险基金不敷使用时，由失业保险调剂金调剂、地方财政补贴。

4．依法纳入失业保险基金的其他资金。

这就是说，国有企业，城镇集体企业，外商投资企业，城镇私营企业，城镇其他企业、事业单位为本单位的职工缴纳的失业保险；国家财政提供的补贴；失业保险基金的利息收入和其他依法纳入失业保险基金的资金共同构成了我国失业保险基金的来源。

（三）领取失业保险金的资格

根据社会保险法的规定，失业人员符合下列条件的，可以从失业保险基金中领取失业保险金：

1．失业前用人单位和本人已经缴纳失业保险费满1年的。

2．非因本人意愿中断就业的。

3．已经进行失业登记，并有求职要求的。

（四）失业保险待遇的内容

根据《失业保险条例》有关规定，我国失业保险基金用于支付：

1．失业保险金。

失业保险金的标准，按照低于当地最低工资标准、高于城市居民最低生活保障标准的水平，由省、自治区、直辖市人民政府确定。

2．领取失业保险金期间的医疗补助金。

失业人员在领取失业保险金期间患病就医的，可以按照规定向社会保险经办机构申请领取医疗补助金。根据社会保险法的规定，失业人员在领取失业保险金期间，参加职工基本医疗保险，享受基本医疗保险待遇。

3．领取失业保险金期间死亡的失业人员的丧葬补助金和其供养的配偶、直系亲属的抚恤金。

失业人员在领取失业保险金期间死亡的，参照当地对在职职工死亡的规定，向其遗属发给一次性丧葬补助金和抚恤金。个人死亡同时符合领取基本养老保险丧葬补助金、工伤保险丧葬补助金和失业保险丧葬补助金条件的，其遗属只能选择领取其中的一项。

4．领取失业金期间接受职业培训、职介介绍的补贴。

5．国务院批准的与失业保险有关的其他费用。

（五）失业保险金的给付期限

失业人员失业前用人单位和本人累计缴费满1年不足5年的，领取失业保险金的期限最长为12个月；累计缴费满5年不足10年的，领取失业保险金的期限最长为18个月；累计缴费10年以上的，领取失业保险金的期限最长为24个月。重新就业后，再次失业的，缴费时间重新计算，领取失业保险金的期限与前次失业应当领取而尚未领取的失业保险金的期限合并计算，最长不超过24个月。

第七节 生育保险法律制度

一、生育保险的概念

生育保险，是指针对妇女生育的特点，通过国家强制的方式筹集生育保险基金，为怀孕的和分娩的参保妇女因生育子女导致劳动中断和生产保健、医疗的特殊需要而提供给女职工物质帮助的制度，是国家为保护女职工和婴儿权利、重视男女平等以及培养新一代和劳动力再生产的一项社会政策。

生育保险具有明显的性别特征，生育保险的对象主要是女职工。生育保险通过女职工的生育行为将女职工的个人利益、家庭利益同社会利益整体联系起来，因而还具有社会性。

生育保险制度具有以下几个方面的重要意义：

第一，保障女职工在生育期间的经济安全和社会安全，促进妇女劳动力的恢复。

第二，能够更充分地保护妇女的平等就业权。

第三，有利于儿童成长，提高我国人口素质。

二、我国生育保险法律制度

（一）生育保险的适用范围

1995 年劳动部制定的《企业职工生育保险试行办法》规定，“本办法适用于城镇企业及其职工。”显然，仅就其适用范围而言已经不符合我国当前的实际需要。因此，社会保险法扩大了生育保险的适用范围。该法规定，“职工应当参加生育保险”。这里的职工，应做广义理解，即在中国境内的劳动者，既包括女职工，也包括男职工；既包括劳动法中的劳动者，也包括机关、事业单位中的工作人员。

（二）生育保险基金的组成

社会保险法规定，职工应当参加生育保险，由用人单位按照国家规定缴纳生育保险费，职工不缴纳生育保险费。据此，结合有关部门的规定，生育保险主要由以下资金组成：

1．用人单位缴纳的生育保险费。

2．生育保险基金的利息收入。

3．用人单位未及时缴纳生育保险费产生的滞纳金。

4．其他应当依法纳入生育保险基金的资金组成。

（三）生育保险待遇的给付条件

申请生育保险待遇的条件主要有：

1．参加生育保险。

2．符合国家计划生育政策。

3．申请人建立了合法有效的婚姻关系。

4．符合生育保险有关就医的药品、诊疗等相关规定。

（四）生育保险待遇的具体内容

我国生育保险待遇的主要内容包括：

1．生育休假

生育休假为 90 天，其中产前休假为 15 天。如果难产的，增加产假 15 天。多胞胎生育的，每多生育一个婴儿的，增加产假 15 天。女职工怀孕流产的，给予 15—30 天产假；怀孕满 4 个月的，给予 42 天产假。

2．生育津贴

职工有下列情形之一的，可以按照国家规定享受生育津贴：

（1）女职工生育享受产假；

（2）享受计划生育手术休假；

（3）法律法规规定的其他情形。

生育津贴按照职工所在用人单位上年度职工月平均工资计发。

3．医疗护理费

医疗护理费主要是指由生育保险承担的与生育有关的医疗费用，如女职工生育的检查费、接生费、手术费、住院费和药费等。

第八节　社会福利法律制度

一、社会福利的概念

我国目前的社会福利是社会保障体系的重要组成部分。社会福利作为国家的一项政策，是指国家、集体或社团为了帮助法定范围内的社会成员解决工作或生活上的困难，或为了满足和提高社会成员的物质文化生活需要给予的现金补贴和各种福利设施的社会保障制度。

社会福利可以分为正式的社会福利制度和非正式的社会福利制度。其中，国家社会福利制度是正式的社会福利制度，有以下几个主要的特点：一是服务对象的普遍性，即面向社会全体成员。二是目的的公平性和高层次性，即不以营利为目的，而是减费或免费提供某种生活用品给社会成员，用以改善或提高人们的物质生活水平，同时还要满足高层次的精神生活需要而提供相应的福利保障。三是提供福利的费用来自国家财政，同时鼓励社会力量举办社会福利事业。四是内容的广泛性和实施方式的多样性，社会福利项目众多，涵盖生活的方方面面。

二、社会福利体系的主要内容

国家社会福利制度，包括有以满足全体社会成员的物质生活和精神生活基本需要为对象而举办的公益性设施和提供服务的公共福利，如教育福利、住房福利、卫生福利和文化康乐福利；有以为职工提供生活上的便利、减轻职工经济上的负担和提高职工生活质量的集体福利制度的职业福利，如职工集体福利、职工个体福利；有以特定群体为对象的专门福利，包括老年人、妇女儿童、残疾人因自身的年龄、生理、心理等条件需要特别对待的福利，如老年人福利、妇女福利、儿童福利、残疾人福利等。

国家社会福利制度也可以划分为儿童福利、老年人福利、劳动者福利、残疾人福利、妇女福利、住房福利、教育福利、社区福利和财政补贴等。

（一）未成年人福利

未成年人福利，是指国家为保障未成年人生活和身心健康发展，改善未成年人生活条件而制定的各项福利政策和举办的福利事业。诸如颁布与未成年人有关的教育保护法规，实施未成年人福利津贴，保障未成年人在家庭中的权益和地位；建立儿童公园、儿童剧场、儿童阅览室、儿童娱乐中心、托儿所、儿童保健站、特种教育学校、儿童福利院等。为儿童的个性发展提供优越的心理环境和和谐幸福的家庭，为培养和训练父母具有适应和管教照顾儿童的能力提供帮助，对生活困难家庭的未成年人子女进行补助。

（二）老年人福利

老年人福利，是指为满足老年人的特别需要提供的社会福利设施和服务项目。包括对老年人的住房、生活上进行照顾等生活和护理上的服务；在医疗保健等方面提供的优待措施；为老年人举办老年大学、老年人俱乐部和娱乐室等娱乐休闲方面的优待措施。

（三）劳动者福利

劳动者福利，是指在业和失业的劳动者能享受到的社会福利。这种福利与劳动者所在单位和职业性质的经济效益有直接的联系。公务员能够享受到的各种福利是来自国家预算的财政开支，主要包括：为满足文化生活的需要、提高文化素质和身体素质而建立的文体福利设施；为减轻公务员的家务劳动、方便生活获得优惠服务而设立的集体福利设施；公务员的福利津贴等。为满足劳动者文化生活的需要、提高劳动者的文化素质和身体素质而建立的文体福利设施；为减轻劳动者的家务劳动、方便生活获得优惠服务而设立的集体福利设施；为补助职工的额外生活开支而提供的各种福利津贴等。

（四）残疾人福利

残疾人福利，是指国家和社会为保障残疾人的身心健康，改善残疾人的生活条件等举办的各种福利事业。残疾人是指在生产、生活、学习中因听力、语言、肢体、智力等生理和心理原因具有某种障碍的人，包括盲、聋、哑、肢残、智残等各类人。残疾人福利包括安排残疾人就业，建立残疾人福利院，提供盲人学校、聋哑学校等特殊教育学校等。

（五）妇女福利

妇女福利，是指因妇女的生理和职业特殊需要而提供的社会福利事业。包括为育龄妇女保健、疾病、生产等各种福利津贴。

（六）教育福利

教育福利，是指以免费或低费的方式向所有国民提供教育的机会和条件的社会福利事业。诸如普及义务教育、提供奖学金、提供学生无息贷款等。

（七）住房福利

住房福利，是指国家和集体为劳动者提供的在购买、租赁住房等改善居住条件方面的优惠措施。包括住房公基金制度、廉租房制度、经济适用房制度、租房补贴等。

（八）社区福利

社区福利，是指在一定层次范围内的城乡社区里建立，在自治、自助、自愿、互助的基础上面向社区全体成员，突出特殊需求的重点对象的福利性服务。

（九）财政补贴

财政补贴，是指国家对农副产品或为平抑物价而提供的各种政策性补贴。

三、社会福利的形式

不论社会福利内容有多少，一般都采取以下几种形式：

（一）货币形式

一般来说，各种津补贴即以现金形式发放。

（二）实物形式

如为残疾人提供助听器、假肢、轮椅等。

（三）服务形式

如对老年人、残疾人、未成年人等的特殊照顾和护理；对失业人员的免费就业培训；义务教育；对无力支付费用的人提供免费法律咨询和诉讼等。

四、影响社会福利制度的因素

衡量一个国家社会福利制度先进与否的主要指标是社会福利水平。社会福利水平一方面直接反映社会福利程度的高低和对资金的需求；另一方面直接关系着企业的生存、发展和社会稳定。

制约一个国家社会福利水平的主要因素有：

（一）社会经济规模和经济发展水平

国家社会福利支出的最终来源为该国的经济规模即经济总量。国家的经济规模大小与生产力水平、劳动生产率、国民收入及国民分配结构上表现出来的经济发展水平相适应。社会福利制度与水平受经济因素决定；同时，一旦形成之后的社会福利制度反过来也会影响经济发展，两者是相辅相成的。

（二）政治、社会结构的影响

政治因素和社会结构对社会福利制度的发展和社会福利水平的影

响很大。我国目前的城乡二元结构对社会福利保障制度的分割和城乡社会福利保障水平的差异较大。

（三）社会福利制度的长短和人口结构

一般情况下，国家社会福利制度的时间越长，社会福利的水平就越高，反之越低；同时，一国人口结构与社会福利水平也有直接的关系，随着我国人口老龄化的到来，社会福利水平会不可避免地升高。

（四）人文和历史等特殊因素

一个国家和地区的社会福利水平也受该国独特的历史和人文因素的影响。衡量一国的社会福利水平是否适度，可以通过实行社会福利制度后的最终效果来判定：第一，兼顾保证社会稳定和促进社会发展；第二，实现有利于社会公平和提高效率；第三，既保证公民基本生活，又激励公民积极劳动；第四，提高公民素质与促进社会进步同步。

☆《中华人民共和国社会保险法》重点知识解读

一、立法背景

党中央、国务院高度重视社会保险制度建设，先后制定了一系列社会保险的方针、政策，国务院制定了《失业保险条例》、《工伤保险条例》和《社会保险费征缴暂行条例》，对推动社会保险工作发挥了重要作用。为深入贯彻落实科学发展观、构建社会主义和谐社会、全面建设小康社会的目标和要求，探索新型劳动关系保障机制，建立和谐劳动关系和社会生产秩序；为解除劳动者的后顾之忧，使劳动者能够享受社会保险待遇，体现为全体人民提供“广覆盖、保基本、多层次、可持续”的社会保障、社会保险水平与我国经济社会发展水平相适应的方针，不断努力建立和完善社会保障制度体系，急需一部社会保险方面的基本法律。

根据全国人民代表大会和国务院领导同志的批示和要求，国务院有关部门加快了工作进程。在先后4次广泛征求意见和实地调研的基础上，经过反复研究、修改，形成了《中华人民共和国社会保险法（草案)》。草案于2007年12月23日提交全国人民代表大会常务委员会进行审议。2010年10月28日，第十一届全国人民代表大会常务委员会第十七次会议通过了《中华人民共和国社会保险法》，2011年7月1日起该法正式施行。

社会保险法是中国特色社会主义法律体系中起支架作用的重要法律，是一部着力保障和改善民生的法律。它的颁布实施，是我国人力资源和社会保障法制建设中的又一个里程碑，对于建立覆盖城乡居民的社会保障体系，更好地维护公民参加社会保险和享受社会保险待遇的合法权益，使公民共享发展成果，促进社会主义和谐社会建设，具有十分重要的意义。

第一，社会保险法的颁布实施，是深入贯彻落实科学发展观、构建社会主义和谐社会的重大举措。社会保险法对各项社会保险作出了全面的制度安排和规范，将党中央建立健全社会保障体系的重大决策和战略部署转化为根本性、稳定性的国家法律制度。

第二，社会保险法的颁布实施，使我国社会保险制度发展全面进入法制化轨道。

第三，社会保险法的颁布实施，为推动整个人力资源社会保障事业科学发展提供了进一步的法制保障。

二、主要内容

社会保险法共12章98条，主要包括基本养老保险、基本医疗保险、工伤保险、失业保险、生育保险、社会保险费征缴、社会保险基金、社会保险经办、社会保险监督、法律责任等方面的内容。

（一）社会保险体系的基本框架

社会保险法规定，国家建立基本养老保险、基本医疗保险、工伤保险、失业保险、生育保险等社会保险制度。

第一，基本养老保险包括职工基本养老保险、新型农村社会养老保险和城镇居民社会养老保险。本法总结二十多年来我国养老保险制度改革的经验，对职工基本养老保险制度的覆盖范围、基本模式、资金来源、待遇构成、享受条件和调整机制等作了比较全面的规范，并规定了病残津贴和遗属抚恤制度。根据开展新型农村社会养老保险试点这一重大实践进展，本法对新型农村社会养老保险的主要制度作出规范。此外，本法还规定国家建立和完善城镇居民社会养老保险制度，同时授权省、自治区、直辖市人民政府根据实际情况，可以将城镇居民社会养老保险和新型农村社会养老保险合并实施，为逐步建立统筹城乡的养老保障体系奠定了法律基础。

第二，基本医疗保险包括职工基本医疗保险、新型农村合作医疗保险和城镇居民基本医疗保险。本法对职工基本医疗保险制度和城镇居民基本医疗保险制度的覆盖范围、资金来源、待遇项目及享受条件、医疗保险费用结算办法等作了比较全面的规定，对新型农村合作医疗制度作了原则规定，并授权国务院规定管理办法。

第三，在总结实践经验的基础上，本法对工伤保险、失业保险和生育保险也分别单独成章，对其覆盖范围、资金来源、待遇项目和享受条件等作了具体规定。

（二）各项社会保险制度的覆盖范围

社会保险法将我国境内所有用人单位和个人都纳入了社会保险制度的覆盖范围，具体是：

第一，基本养老保险制度和基本医疗保险制度覆盖了我国城乡全体居民。即用人单位及其职工应当参加职工基本养老保险和职工基本医疗保险；无雇工的个体工商户、未在用人单位参加社会保险的非全日制从业人员以及其他灵活就业人员可以参加职工基本养老保险和职工基本医疗保险；农村居民可以参加新型农村社会养老保险和新型农村合作医疗保险；城镇未就业的居民可以参加城镇居民社会养老保险和城镇居民基本医疗保险；进城务工的农村居民依照本法规定参加社会保险；公务员和参照公务员法管理的工作人员养老保险的办法由国务院规定。

第二，工伤保险、失业保险和生育保险制度覆盖了所有用人单位及其职工。

第三，被征地农民按照国务院规定实行相应的社会保险制度。被征地农民到用人单位就业的，都应当参加全部五项社会保险。对于未就业，转为城镇居民的，可以参加城镇居民社会养老保险和城镇居民基本医疗保险，继续保留农村居民身份的，可以参加新型农村社会养老保险和新型农村合作医疗保险。

第四，在中国境内就业的外国人，也应当参照本法规定参加我国的社会保险。

（三）社会保险制度的筹资渠道

国家多渠道筹集社会保险资金。社会保险法规定了各项社会保险制度的筹资渠道，明确了用人单位、个人和政府在社会保险筹资中的责任。具体是：

第一，城镇职工社会保险基金的主要来源是社会保险缴费。职工基本养老保险、职工基本医疗保险和失业保险费用，由用人单位和职工共同缴纳，工伤保险和生育保险费用由用人单位缴纳，职工个人不缴费。

第二，居民社会保险基金主要由社会保险缴费和政府补贴构成。新型农村社会养老保险实行个人缴费、集体补助和政府补贴相结合；城镇居民基本医疗保险实行个人缴费和政府补贴相结合。

第三，明确了政府在社会保险筹资中的责任。县级以上人民政府对社会保险事业给予必要的经费支持，在社会保险基金出现支付不足时给予补贴；国有企业、事业单位职工参加基本养老保险前，视同缴费年限期间应当缴纳的基本养老保险费由政府承担；在新型农村社会养老保险和城镇居民基本医疗保险制度中，政府对参保人员给予补贴；基本养老保险基金出现支付不足时，政府给予补贴；国家设立全国社会保障基金，由中央财政预算拨款以及国务院批准的其他方式筹集的资金构成，用于社会保障支出的补充、调剂。

（四）社会保险的待遇项目和享受条件

为了保障参加社会保险的个人及时足额领取社会保险待遇，社会保险法在现行规定基础上，分别概括地规定了各项社会保险的待遇和享受条件，并在总结实践经验的基础上有所发展。

1．基本养老保险待遇

第一，参加基本养老保险的个人，达到法定退休年龄时累计缴费满15年的，按月领取基本养老金。基本养老金根据个人累计缴费年限、缴费工资、当地职工平均工资、个人账户金额、城镇人口平均预期寿命等因素确定。缴费不足15年的人员可以缴费至满15年，按月领取基本养老金；也可以转入新型农村社会养老保险或者城镇居民社会养老保险，按照国务院规定享受相应的养老保险待遇。

第二，参加新型农村社会养老保险的农村居民，符合国家规定条件的，按月领取新型农村社会养老保险待遇。

第三，参加基本养老保险的个人，因病或者非因工死亡的，其遗属可以领取丧葬补助金和抚恤金；在未达到法定退休年龄时因病或者非因工致残完全丧失劳动能力的，可以领取病残津贴。

2．基本医疗保险待遇

由于我国各地经济发展水平不同，医疗服务提供能力和医疗消费水平等的差距都很大，国务院只对基本医疗保险起付标准、支付比例和最高支付限额等作了原则规定，具体待遇给付标准由统筹地区人民政府按照以收定支的原则确定。考虑到这个实际，本法没有对基本医疗保险待遇项目和享受条件作更为具体的规定。

3．工伤保险待遇

在《工伤保险条例》规定的工伤保险待遇基础上，社会保险法有三项突破：

第一，将现行规定由用人单位支付的工伤职工“住院伙食补助费”、“到统筹地区以外就医的交通食宿费”和“终止或者解除劳动合同时应当享受的一次性医疗补助金”改为由工伤保险基金支付，在进一步保障工伤职工权益的同时，减轻了参保用人单位的负担。

第二，为保证工伤职工得到及时救治，规定了工伤保险待遇垫付追偿制度。即职工所在用人单位未依法缴纳工伤保险费，发生工伤事故的，由用人单位支付工伤保险待遇。用人单位不支付的，从工伤保险基金中先行支付，然后由社会保险经办机构依照本法规定追偿。

第三，规定由于第三人的原因造成工伤，第三人不支付工伤医疗费用或者无法确定第三人的，由工伤保险基金先行支付后，向第三人追偿。

4. 失业保险待遇

在《失业保险条例》规定的失业保险待遇基础上，社会保险法进一步规定：

第一，对失业人员在领取失业保险金期间患病就医，由现行规定“可以申领少量的医疗补助金”，改为参加职工基本医疗保险并享受相应的基本医疗保险待遇，其应当缴纳的基本医疗保险费从失业保险基金中支付，从而提高了失业人员的医疗保障水平。

第二，明确个人死亡同时符合领取基本养老保险丧葬补助金、工伤保险丧葬补助金和失业保险丧葬补助金条件的，其遗属只能选择领取其中的一项。

5. 生育保险待遇

在总结生育保险制度实施经验的基础上，社会保险法规定，用人单位已经缴纳生育保险费的，其职工享受生育保险待遇，生育保险待遇包括生育医疗费用和生育津贴；职工未就业配偶按照国家规定享受生育医疗费用待遇。所需资金从生育保险基金中支付。

6. 社会保险关系转移接续

社会保险法规定了基本养老保险、基本医疗保险、失业保险的转移接续制度。

一是个人跨统筹地区就业的，其基本养老保险关系随本人转移，缴费年限累计计算。个人达到法定退休年龄时，基本养老金分段计算、统一支付。具体办法由国务院规定。

二是个人跨统筹地区就业的，其基本医疗保险关系随本人转移，缴费年限累计计算。

三是职工跨统筹地区就业的，其失业保险关系随本人转移，缴费年限累计计算。

（五）社会保险费征缴制度

在总结《社会保险费征缴暂行条例》实施经验的基础上，社会保险法进一步完善了社会保险费征缴制度，增强了征缴的强制性，为加强征缴工作提供了更有力的法律保障。

第一，规定了社会保险信息沟通共享机制。

工商行政管理部门、民政部门和机构编制管理机关应当及时向社会保险经办机构通报用人单位的成立、终止情况，公安机关应当及时向社会保险经办机构通报个人的出生、死亡以及户口登记、迁移、注销等情况。

第二，规定了灵活就业人员社会保险登记、缴费制度。

参加社会保险的无雇工的个体工商户、未在用人单位参加社会保险的非全日制从业人员以及其他灵活就业人员，向社会保险经办机构申请办理社会保险登记，可以直接向社会保险费征收机构缴纳社会保险费。

第三，规定了社会保险费实行统一征收的方向，授权国务院规定实施步骤和具体办法。

第四，建立了社会保险费的强制征缴制度。

强制征缴制度主要包括以下措施：

一是从用人单位存款账户直接划拨社会保险费。用人单位未按时足额缴纳社会保险费，经社会保险费征收机构责令其限期缴纳或者补足，逾期仍不缴纳或者补足的，社会保险费征收机构可以申请县级以上有关行政部门作出从用人单位存款账户中划拨社会保险费的决定，并书面通知其开户银行或者其他金融机构划拨社会保险费。

二是用人单位账户余额少于应当缴纳的社会保险费的，社会保险费征收机构可以要求该用人单位提供担保，签订延期缴费协议。

三是用人单位未足额缴纳社会保险费且未提供担保的，社会保险费征收机构可以申请人民法院扣押、查封、拍卖其价值相当于应当缴纳社会保险费的财产，以拍卖所得抵缴社会保险费。

（六）社会保险基金管理制度

为了加强基金管理，社会保险法作了以下规定：

第一，规范了社会保险基金的管理原则。

社会保险基金管理应当遵守以下原则：

一是各项社会保险基金按照社会保险险种分别建账，分账核算，执行国家统一的会计制度。

二是社会保险基金通过预算实现收支平衡。

三是社会保险基金专款专用，任何组织和个人不得侵占或者挪用。

四是社会保险基金在保证安全的前提下，按照国务院规定投资运营实现保值增值。

第二，明确了提高社会保险基金统筹层次的方向。

基本养老保险基金逐步实行全国统筹，其他社会保险基金逐步实行省级统筹。考虑到社会保险基金的统筹层次取决于多方面的因素，本法授权国务院规定提高统筹层次的具体时间和步骤。

（七）社会保险经办服务的内容

第一，确立了社会保险经办服务体制。包括：

一是规定了社会保险经办机构的设立原则。统筹地区设立社会保险经办机构。社会保险经办机构根据工作需要，可以在本统筹地区设立分支机构和服务网点。

二是规定了社会保险经办的经费保障。社会保险经办机构的人员经费和经办社会保险发生的基本运行费用、管理费用，由同级财政按照国家规定予以保障。

三是规定了社会保险经办机构的基本职责。如负责社会保险登记、社会保险费核定、按照规定征收社会保险费；按时足额支付社会保险待遇等。

第二，确立了社会保险信息系统建设原则。

一是国家建立全国统一的个人社会保障号码，为制作发行全国统一、功能兼容的社会保障卡提供了法律依据。

二是全国社会保险信息系统按照国家统一规划，由县级以上人民政府按照分级负责的原则共同建设。

（八）社会保险监督制度

加强社会保险监督，维护社会保险基金安全，是各方面的共识。社会保险法从人大监督、行政监督、社会监督三个方面，建立了比较完善的社会保险监督体系。

1．人大监督

各级人民代表大会常务委员会听取和审议本级人民政府对社会保险基金的收支、管理、投资运营以及监督检查情况的专项工作报告，组织对本法实施情况的执法检查等，依法行使监督职权。

2．行政监督

国家对社会保险基金实行严格监管，并明确了各级人民政府及其社会保险行政部门、财政部门、审计机关在社会保险监督方面的职责。

（1）规定了各级人民政府在社会保险监督方面的职责：国务院和省、自治区、直辖市人民政府建立健全社会保险基金监督管理制度，保障社会保险基金安全、有效运行。

（2）规定了社会保险行政部门的监督职责：

一是规定县级以上人民政府社会保险行政部门应当加强对用人单位和个人遵守社会保险法律、法规情况的监督检查。

二是规定社会保险行政部门对社会保险基金的收支、管理和投资运营情况进行监督检查，并规定了三项措施：①查阅、记录、复制与社会保险基金收支、管理和投资运营相关的资料，对可能被转移、隐匿或者灭失的资料予以封存；②询问与调查事项有关的单位和个人，要求其对与调查事项有关的问题作出说明、提供有关证明材料；③对隐匿、转移、侵占、挪用社会保险基金的行为予以制止并责令改正。

（3）规定了财政部门、审计机关按照各自职责，对社会保险基金的收支、管理和投资运营情况实施监督。

3．社会监督

社会保险法要求县级以上人民政府采取措施，鼓励和支持社会各方面参与社会保险基金的监督，并作了以下规定：

第一，规定了社会保险监督委员会的设立、组成和主要职责。

第二，规定了工会的监督。工会依法维护职工的合法权益，有权参与社会保险重大事项的研究，参加社会保险监督委员会，对与职工社会保险权益有关的事项进行监督。

第三，规定有关部门和单位应当向社会公布或者公开社会保险方面的信息，主动接受社会监督。

（九）法律责任

社会保险法强化了违反本法行为所应承担的法律责任，主要有：

1．用人单位违反社会保险法的法律责任

用人单位不办理社会保险登记且在社会保险行政部门责令改正期限内不改正的，对用人单位处应缴社会保险费数额 1 倍以上 3 倍以下的罚款，对其直接负责的主管人员和其他直接责任人员处 500 元以上 3000 元以下的罚款；用人单位未按时足额缴纳社会保险费的，由社会保险费征收机构责令限期缴纳或者补足，并自欠缴之日起，按日加收 0.05% 的滞纳金；逾期仍不缴纳的，由有关行政部门处欠缴数额 1 倍以上 3 倍以下的罚款。

2．骗取社会保险基金支出或者骗取社会保险待遇的法律责任

如有关单位及其工作人员或者个人以欺诈、伪造证明材料或者其他手段骗取社会保险基金支出或者骗取社会保险待遇的，应当退回骗取的金额，并处骗取金额 2 倍以上 5 倍以下的罚款；属于社会保险服务机构的，解除服务协议；直接主管人员和其他直接责任人员有执业资格的，依法吊销其执业资格。

3．违反社会保险基金管理的法律责任

违反本法规定，隐匿、转移、侵占、挪用社会保险基金或者违规投资运营的，由社会保险行政部门、财政部门、审计机关责令追回；有违法所得的，没收违法所得；对直接负责的主管人员和其他直接责任人员依法给予处分。

4．有关行政部门和单位及其工作人员违反社会保险法的法律责任

社会保险经办机构及其工作人员未履行社会保险法定职责的，社

会保险费征收机构擅自更改社会保险费缴费基数、费率，导致少收或者多收社会保险费的，由有关行政部门责令改正，对直接负责的主管人员和其他直接责任人员依法给予处分。有关行政部门、社会保险经办机构、社会保险费征收机构及其工作人员泄露用人单位和个人信息的，对直接负责的主管人员和其他直接责任人员依法给予处分；给用人单位或者个人造成损失的，应当承担赔偿责任。

☆《中华人民共和国妇女权益保障法》重点知识解读

一、立法背景

我国宪法明确规定：中华人民共和国妇女在政治的、经济的、文化的、社会的和家庭的生活等各方面享有同男子平等的权利。为了保证妇女的合法权益得到充分的发展与进步，1992年4月3日第七届全国人民代表大会第五次会议通过了《中华人民共和国妇女权益保障法》。

随着我国经济社会的发展，广大妇女的维权意识普遍提高，且当时立法所依赖的经济社会条件也发生了较大变化，妇女权益保障方面出现了一些新情况、新问题，需要从制度上加以解决，为此，2005年8月28日第十届全国人民代表大会常务委员会第十七次会议对妇女权益保障法进行了修正。

妇女权益保障法的出台和修改完善，对保障妇女的合法权益，促进男女平等，充分发挥妇女在社会主义现代化建设中的作用提供了法制保障。

二、主要内容

妇女权益保障法共9章61条，主要包括政治权利、社会文化权利、人身和财产权益、婚姻家庭权益、法律责任等方面的内容。

（一）基本原则

以宪法为依据，从社会主义初级阶段的实际情况出发，确立保障妇女权益的法律机制，巩固和发展妇女解放运动的成果，在社会主义现代化建设过程中进一步实现男女平等。妇女权益保障法主要是通过各种保障性的、协调性的、制裁性的和补充性的条款，将宪法、法律中有关男女平等、保护妇女权益的规定加以原则化、具体化和制度化，切实做到有法可依、有法必依、执法必严、违法必究。

妇女权益保障法的基本原则有：

1．男女权利平等

妇女在政治、经济、文化、社会和家庭生活等各方面享有同男子平等的权利。

2．对妇女权益实行特殊保护

在我国的现阶段，男女两性的社会地位、家庭地位还存在着某些实际上的差别；重男轻女的传统观念和习惯势力也不可能在短期内完全消除。因此，有必要在立法上采取有针对性的特殊保护措施，保障妇女权益不受侵害。

3．建立对妇女的社会保障制度

国家发展社会保险、社会救助、社会福利和医疗卫生事业，保障妇女享有社会保险、社会救助、社会福利和卫生保健等权益。

（二）政治权利

1．参与管理国家事务

妇女有权通过各种途径和形式，管理国家事务，管理经济和文化事业，管理社会事务。国家制定法律、法规、规章和公共政策，对涉及妇女权益的重大问题，应当听取妇女联合会的意见。

2．逐步提高各级人民代表大会中的妇女比例

全国人民代表大会和地方各级人民代表大会的代表中，应当有适当数量的妇女代表，并逐步提高妇女代表的比例。居民委员会、村民委员会成员中，妇女应当有适当的名额。

3．培养和选拔妇女干部

国家积极培养和选拔女干部。国家机关、社会团体、企业事业单位培养、选拔和任用干部，必须坚持男女平等的原则，并有适当数量的妇女担任领导成员。

4．支持妇女组织参与管理国家事务

中华全国妇女联合会和地方各级妇女联合会代表妇女积极参与国家和社会事务的民主决策、民主管理和民主监督。各级妇女联合会及其团体会员，可以向国家机关、社会团体、企业事业单位推荐女干部。

（三）社会文化权利

妇女权益保障法规定了一系列措施，以保障妇女在社会文化方面的权利：

1．切实保障妇女受教育权

国家要保障妇女享有与男子平等的文化教育权利。学校和有关部门应当执行国家有关规定，保障妇女在入学、升学、毕业分配、授予学位、派出留学等方面享有与男子平等的权利，不得以性别为由拒绝

录取女性或者提高对女性的录取标准。

父母或者其他监护人必须履行保障适龄女性儿童少年接受义务教育的义务。学校应当根据女性青少年的特点，在教育、管理、设施等方面采取措施，保障女性青少年的身心得到健康发展。

政府、社会、学校应当采取有效措施，解决适龄女性儿童少年就学存在的实际困难，并创造条件，保证贫困、残疾和流动人口中的适龄女性儿童少年完成义务教育。

2．对妇女在劳动和社会保障方面实行特别保护

首先，国家和社会包括用人单位要保障妇女享有与男子平等的劳动权利和社会保障权利，实行男女同工同酬；在享受福利待遇方面享有与男子平等的权利；在录用职工时，除不适合妇女的工种或者岗位外，不得以性别为由拒绝录用妇女或者提高对妇女的录用标准。其次，对妇女在劳动方面进行特殊保护。应根据妇女的特点，依法保护妇女在工作和劳动时的安全和健康，不得安排不适合妇女从事的工作和劳动。妇女在经期、孕期、产期、哺乳期受特殊保护。任何单位不得因结婚、怀孕、产假、哺乳等情形，降低女职工的工资，辞退女职工，单方解除劳动（聘用）合同或者服务协议。最后，国家要保障妇女享有社会保险、社会救助、社会福利和卫生保健等方面的权益。

（四）人身和财产权益

妇女权益保障法主要从以下几个方面保障妇女的人身权利和财产权利：

1．对妇女人身权的特别保护

妇女的人身自由、生命健康权不受侵犯。禁止非法搜查妇女的身体，禁止溺、弃、残害女婴；禁止歧视、虐待生育女婴的妇女和不育

的妇女；禁止用迷信、暴力等手段残害妇女；禁止虐待、遗弃病、残妇女和老年妇女；禁止拐卖、绑架妇女；禁止收买被拐卖、绑架的妇女；禁止阻碍解救被拐卖、绑架的妇女；禁止对妇女实施性骚扰；禁止组织、强迫、引诱、容留、介绍妇女卖淫或者对妇女进行猥亵活动；禁止组织、强迫、引诱妇女进行淫秽表演活动。

2. 对妇女财产权的特别保护

国家应保障妇女享有与男子平等的财产权利。妇女在农村土地承包经营、集体经济组织收益分配、土地征收或者征用补偿费使用以及宅基地使用等方面，享有与男子平等的权利。任何组织和个人不得以妇女未婚、结婚、离婚、丧偶等为由，侵害妇女在农村集体经济组织中的各项权益。

妇女享有与男子平等的财产继承权。在同一顺序法定继承人中，不得歧视妇女。丧偶妇女有权处分继承的财产，任何人不得干涉。丧偶妇女对公、婆尽了主要赡养义务的，作为公、婆的第一顺序法定继承人，其继承权不受子女代位继承的影响。

（五）婚姻家庭权益

1. 在婚姻家庭中妇女享有与男子平等的权利

国家有义务保障妇女享有与男子平等的婚姻家庭权利。妇女对依照法律规定的夫妻共同财产享有与其配偶平等的占有、使用、收益和处分的权利，不受双方收入状况的影响。父母双方对未成年子女享有平等的监护权。父亲死亡、丧失行为能力或者有其他情形不能担任未成年子女的监护人的，母亲的监护权任何人不得干涉。

2. 在婚姻家庭中对妇女进行特殊保护

根据规定，对妇女在婚姻家庭中的特殊保护主要有：

(1) 制止家庭暴力

公安、民政、司法行政等部门以及城乡基层群众性自治组织、社会团体，应当在各自的职责范围内预防和制止家庭暴力，依法为受害妇女提供救助。这里的家庭暴力主要是指男方对女方实施的家庭暴力。

(2) 限制离婚

女方在怀孕期间、分娩后1年内或者终止妊娠后6个月内，男方不得提出离婚。女方提出离婚的，或者人民法院认为确有必要受理男方离婚请求的，不在此限。

(3) 离婚时照顾

夫妻书面约定婚姻关系存续期间所得的财产归各自所有，女方因抚育子女、照料老人、协助男方工作等承担较多义务的，有权在离婚时要求男方予以补偿。离婚时，夫妻共同租用的房屋，女方的住房应当按照照顾子女和女方权益的原则解决。女方因实施绝育手术或者其他原因丧失生育能力的，处理子女抚养问题，应在有利子女权益的条件下，照顾女方的合理要求。

(4) 生育自由

妇女有按照国家有关规定生育子女的权利，也有不生育的自由。换句话说，男方不能再以不愿生育为由提出离婚了。

三、2005 年修法亮点

亮点一：生育保险与救助制度。

人类社会的生产包括自身的生产，妇女为此付出了多方面的代价，给妇女生育保险和救助制度体现了社会文明程度的进步和提高，因此增加一条专门规定有关人类自身生产的法律条文，是一个国家应该予以保障的国策。

亮点二：妇女的集体经济组织成员权。

妇女的集体经济组织成员权在现实社会生活中经常受到侵害，尤其是随着婚姻关系的变化导致其集体经济组织成员权的丧失。为保护妇女因婚姻关系而引发的集体经济组织成员资格变动给其带来的经济利益损失，妇女权益保障法第三十三条规定，“任何组织和个人不得以妇女未婚、结婚、离婚、丧偶等为由，侵害妇女在农村集体经济组织中的各项权益。因结婚男方到女方住所落户的，男方和子女享有与所在地农村集体经济组织成员平等的权益。”

亮点三：反家庭暴力。

家庭暴力是当代社会无法容忍的罪恶，在社会现实生活中，丈夫对妻子施暴在家庭暴力中占主要比例。为此，为使妇女免遭家庭暴力的危害，故对其予以特别保护，这体现了社会主义社会文明程度的进步和提高。

亮点四：对性骚扰的惩罚。

性骚扰尽管未给受害妇女造成直接的身体伤害，但其对受害妇女所造成的精神损害却不可估量，为避免在社会公共场所对妇女的性侵害，故增加对性骚扰加以惩罚的规定。

四、典型案例

周红莲于 2001 年 12 月 22 日与晋宁县晋城镇东门村委会第五村民小组村民李祥结婚，2003 年 1 月 16 日周红莲的户口由小海村委会大周营村迁入东门村委会石头冲村五组，2005 年 10 月 9 日周红莲与李祥离婚，周红莲离婚并再婚后未在晋宁县晋城镇东门村委会第五村民小组居住，但户口仍在第五村民小组。2007 年 11 月 15 日，石头冲村（东门村第五组、第十组）与昆明晋龙园签订了大山顶征用协议，昆明晋龙园向石头冲村支付了土地征用补偿款。晋宁县晋城镇东门村委会第五村民小组分别于 2007 年 11 月 29 日、2008 年 1 月 6 日、2008 年 1 月 17 日先后三次召开该村村民小组户长会，讨论决定该村村民小组土地补偿款的分配方案，并在户长会议上提出凡出嫁后 3 个月内户口不迁出的一律不能享受本村一切待遇。讨论补偿款分配时，东门村委会参加了晋宁县晋城镇东门村委会第五村民小组召开的会议，并同意了其分配方案。2008 年 1 月，该组按人均 22880 元对土地补偿款中的 9998650 元进行了分配。周红莲未参加分配。另查明，周红莲在小海村委会的田地在周红莲与李祥结婚后被组上收回，但周红莲在东门村委会未分有田地。

【案件评析】

本案涉及的离婚妇女权益在集体经济组织成员的资格问题。首先，村民小组会议和户长会议无权决定出嫁妇女的户口迁出迁入问题。其次，村民小组会议和户长会议也无权剥夺出嫁妇女的土地承包权。当然，村民小组会议和户长会议包括村委会剥夺周红莲的土地补偿款也是无效的。

☆《中华人民共和国老年人权益保障法》重点知识解读

一、立法背景

人口老龄化作为一个社会问题，已受到世界各国的普遍重视。我国是世界上人口最多的国家，即将进入人口老龄化社会。国家重视并采取了许多积极的措施，维护老年人的权益。老年人为国家、社会和家庭做出了应有的贡献，在他们的晚年，理应受到国家、社会以及家庭的尊重和关心。通过立法，弘扬中华民族敬老、养老的传统美德，保障老年人的合法权益，使他们老有所养、老有所医、老有所为、老有所学、老有所乐，安度晚年。对老年人保护的立法要坚持从中国国情出发的实际，注意与其他有关法律相衔接，突出老年人需要特别重点保护的权益。同时，注意吸取国外的经验教训，保持我国家庭养老的传统和特点。这是社会主义制度优越性的具体体现。针对老年人合法权益受侵犯的事件时有发生，切实保障老年人这一特殊群体的权益和解决他们所面临的问题，是十分必要的，保障老年人权益、尊老、爱老、敬老、养老是中华民族的传统美德，为进一步提高对老年人权益保障的重要性的认识，增强维护老年人合法权益的自觉性，1996 年 8 月 29 日第八届全国人民代表大会常务委员会第二十一次会议通过《中华人民共和国老年人权益保障法》，自 1996 年 10 月 1 日起施行。2009 年 8 月 27 日，第十一届全国人民代表大会常务委员会第十次会议通过《关于修改部分法律的决定》，对该法进行了修订。

这部法律的出台为加强保障老年人合法权益，推动发展老年事业，弘扬中华民族敬老、养老的美德提供了法制保障。

二、主要内容

老年人权益保障法共 6 章 50 条，主要包括家庭赡养与扶养、社会保障、参与社会发展、法律责任、附则等方面的内容。

（一）家庭赡养与扶养

老年人权益保障法设专章具体规定家庭赡养与扶养问题。家庭养老是中国的好传统，我国老年人绝大多数是与子女（包括孙子女）一起生活在家庭中，老年人在家庭生活中与晚辈共享天伦之乐，是中华民族敬老养老的主要方式，赡养扶助老年人主要通过家庭来实现。同时明确规定扶养人应承担的责任，这一规定有利于老年人在家养老，有利于家庭的和睦和稳定。

1．老年人与配偶有相互扶养的义务

所谓扶养，是指经济上的相互供养与物质生活上的相互扶助、照料。尤其是一方在年老、患病、丧失劳动能力或没有固定经济收入的情况下，有扶养能力的配偶更应主动扶助对方。老年夫妻之间有相互履行扶养的义务。

2．子女对老年人有赡养的义务

所谓赡养，主要是指子女在经济上为父母提供必需的生活用品和费用的行为，即承担一定的经济责任，提供必要的经济帮助，给予物质上的帮助。老年人的婚生子女、非婚生子女、养子女、形成抚养关系的继子女以及父母死亡的有负担能力的孙子女、外孙子女有赡养老年人的义务。

（二）社会保障

现阶段，我国政府高度重视和解决老年人的社会保障问题，初步形成了政府主导、社会参与、全民关怀的老年人社会保障的工作格局。老年人的社会保障法律制度主要包括以下几个方面：

1. 国家建立养老保险制度，保障老年人的基本生活

老年人依法享有的养老金和其他待遇应当得到保障。根据经济的发展、人民生活水平的提高和职工工资增长的情况，国家不断增加老年人的养老金。如果老年人生活在农村，农村集体组织除根据情况建立养老保险制度外，有条件的还可以将未承包的集体所有的部分土地、山林、水面、滩涂等作为养老基地，收益供老年人养老。

如果城市的老年人，无劳动能力、无生活来源、无赡养人和扶养人的，或者其赡养人和扶养人确无赡养能力或者扶养能力的，由当地人民政府给予救济。

如果农村的老年人，无劳动能力、无生活来源、无赡养人和扶养人的，或者其赡养人和扶养人确无赡养能力或者扶养能力的，由农村集体经济组织负担保吃、保穿、保住、保医、保葬的五保供养，乡、民族乡、镇人民政府负责组织实施。

2. 国家建立多种形式的医疗保障制度，保障老年人的基本医疗需要

老年人依法享有的医疗待遇必须得到保障。老年人患病，本人和扶养人、赡养人确实无力支付医疗费用的，当地人民政府根据情况可以给予适当帮助，并可以提倡社会救助。

医疗机构应当为老年人就医提供方便，对70周岁以上的老年人就医，予以优先。有条件的地方，可以为老年病人设立家庭病床，开展巡回医疗等服务。国家采取措施加强老年医学的研究和人才的培养，提高老年病的预防、治疗和科研水平。

3. 保护和优待老年人的居住条件

老年人的所在单位分配、调整或者出售住宅，应当根据实际情况

和有关标准照顾老年人的需要。新建或者改造城镇公共设施、居民区和住宅，应当考虑老年人的特殊需要，建设适合老年人生活和活动的配套设施。国家鼓励、扶持社会组织或者个人兴办老年福利院、敬老院、老年公寓、老年医疗康复中心和老年文化体育活动场所等设施。

（三）参与社会发展

老年人有丰富的知识、技能和经验。随着人民生活水平的普遍提高，老年人的健康状况有了很大改善，平均寿命延长，许多老年人又有继续发挥作用的愿望，社会也需要这些老年人。老年人权益保障法设专章规定在自愿和量力的情况下，提倡老年人依据社会需要兴办社会公益事业、开展优良传统教育传授文化知识、参与维护社会治安、调解民间纠纷等义务为社会服务活动。规定老年人依法从事经营和生产活动所得合法收入受法律保护。

（四）法律责任

为切实保障老年人合法权益免受侵害，老年人权益保障法对此作出具体明确规定。有关单位、基层人民政府、人民法院对老年人有关赡养、扶养、住房、财产等纠纷的申诉、控告都应当及时依法解决。对虐待、遗弃老年人，暴力干涉老年人婚姻自由，盗窃、抢夺老年人财物等违法行为，应当承担相应的法律责任。

老年人合法权益受到侵害的，被侵害人或者其代理人有权要求有关部门处理，或者依法向人民法院提起诉讼。人民法院和有关部门，对侵犯老年人合法权益的申诉、控告和检举，应当依法及时受理，不得推诿、拖延。不履行保护老年人合法权益职责的部门或者组织，其上级主管部门应当给予批评教育，责令改正。国家工作人员违法失职，致使老年人合法权益受到损害的，由其所在组织或者上级机关责令改正，或者给予行政处分；构成犯罪的，依法追究刑事责任。

老年人与家庭成员因赡养、扶养或者住房、财产发生纠纷，可以要求家庭成员所在组织或者居民委员会、村民委员会调解，也可以直接向人民法院提起诉讼。人民法院对老年人追索赡养费或者扶养费的申请，可以依法裁定先予执行。

以暴力或者其他方法公然侮辱老年人、捏造事实诽谤老年人或者虐待老年人，情节较轻的，依照治安管理处罚法的有关规定处罚；构成犯罪的，依法追究刑事责任。暴力干涉老年人婚姻自由或者对老年人负有赡养、扶养义务而拒绝赡养、扶养，情节严重构成犯罪的，依法追究刑事责任。

三、本法亮点

老年人为国家、社会和家庭的发展做出了自己的贡献，因此在他们年老的时候，国家、社会及家庭应该提供条件和物质保障，使老年人老有所养，但是，根据老年人的生理特征和精神面貌，提供适合他们需求的物质生活条件和精神生活条件才是最为重要的，《中华人民共和国老年人权益保障法》充分体现了保护对象权益需求的特点。

亮点一：提供符合老年人的生理特征的公共物品。

随着年龄的增长，老年人的体力和智力都不如从前，根据老年人的生理特征提供适合他们的物品，体现出一种人文关怀，是社会发展和文明进步的表现。

新建或者改造城镇公共设施、居民区和住宅，应当考虑老年人的特殊需要，建设适合老年人生活和活动的配套设施。国家和社会采取措施，开展适合老年人的群众性文化、体育、娱乐活动，丰富老年人的精神文化生活。

亮点二：明确侵害老年人合法权益的法律责任。

为保护老年人的合法权益不受非法侵害，针对侵犯老年人权益的现象规定应承担相应的法律责任。

有关单位、基层人民政府、人民法院对老年人有关赡养、扶养、住房、财产等纠纷的申诉、控告都应当及时依法解决。对虐待、遗弃老年人，暴力干涉老年人婚姻自由，盗窃、抢夺老年人财物等违法行为，应当承担相应的法律责任。

亮点三：为老年人参与社会提供制度保障。

人老是一种自然规律，不能因为老年人的生理因素就否定了老年人对社会的贡献，国家有必要为老年人参与社会提供制度保障，保护老年人参与社会的积极性。

亮点四：为老年人养老建立保障制度。

随着社会的发展，国家应该为全体国民提供社会保障，向为国家、为社会、为家庭做出贡献的老年人从制度上建立法律保障制度，使他们能安享晚年、老有所养，是社会的进步，是时代的发展。实际中的做法是，将家庭养老方式和社会养老方式相结合，体现富有中国特色的养老保障体制。

四、典型案例

丁甲与丁乙系父子关系，丁乙、刘某系夫妻关系。丁甲、丁乙、刘某等原共同居住在某市。1987 年，丁甲原所在单位某南洋电线电缆厂将某市A房屋（以下简称系争房屋）分配给丁甲一家居住使用。分配房屋的对象包括丁甲及丁甲之妻戎某，丁乙、刘某及其女儿，系争房屋共有两间房间，丁甲夫妇居住在小间，丁乙、刘某一家则居住在大间。1987年4月，丁乙、刘某将户籍迁入系争房屋内，并单立一本户口簿。后丁甲、丁乙、刘某因赡养、居住问题等产生争议，1999年5月22日，丁甲、丁乙、刘某等达成调解协议一份，约定为了保姆居住并改善老人生活条件，丁乙将系争房屋住房钥匙交给丁甲，若丁乙女儿上学需回来居住，有居住权；同意将丁甲所住6楼房屋调换到低层。丁乙、刘某于1998年自某市安居房发展中心处购买了该公司配售的B房屋，1999年后丁乙、刘某即一直居住在该房屋内，未再居住在系争房屋内，但仍留有物品摆放在系争房屋的房间及阳台内。2007年11月，丁甲与丁乙、刘某又就系争房屋的出售签署人民调解协议书一份，约定将系争房屋上市出售，所得款项扣除欠租及交易费，余款由丁甲与丁乙、刘某双方各半分割。后因丁乙、刘某要求先取得系争房屋房间的钥匙，而致使该协议未能履行。丁甲与丁乙、刘某就系争房屋的使用问题协商不成，诉至法院，要求丁乙、刘某将摆放在A房屋内的所有物品搬至B房屋内；丁乙、刘某则提起要求丁甲排除妨碍，保证其能正常使用A房屋。

【案件评析】

本案涉及有扶助赡养义务人侵犯被赡养人的合法权益的救济。赡养老人是中华民族的传统美德，也是每个公民的法定义务。如果公民因年事已高，无劳动能力，无经济收入，患病需治疗等，负有赡养义务的家庭成员有义务赡养老人；赡养人应当妥善安排老年人的住房，不得强迫老年人迁居条件低劣的房屋。老年人自有的或者承租的住房，子女或者其他亲属不得侵占，不得擅自改变产权关系或者租赁关系。老年人自有的住房，赡养人有维修的义务。因故侵犯老人的居住权，这是应当受到法律惩罚的非法行为。同时，老年人权益保障制度还提供了多种保障老年人权益的方法和手段。

☆《中华人民共和国未成年人保护法》重点知识解读

一、立法背景

未成年人是各项事业的预备队，是社会主义现代化建设的未来主力军，寄托着国家和民族的希望。未成年人在向成年人过渡期间，具有特殊的生理和心理特征，非常需要给予特别的关心和爱护。随着社会主义民主与法制建设的深入发展，现有法规中保护未成年人权益的条款和规定不够系统、不够具体，需要进一步补充、完善；保护未成年人合法权益的执法体系和监督体系还不够完备，有关未成年人的保护性、福利性、综合性法规较少；侵害未成年人合法权益的事件时有发生，未成年人违法犯罪的问题比较突出，影响了未成年人的健康成长和社会的稳定。根据我国国情和未成年人的特点建立未成年人保护法律体系已显得十分必要。

为了保护未成年人这一特殊群体的合法权益，自 1980 年开始有关机构先后着手调研青少年保护立法问题。通过调查研究，广泛征求意见，参考保护未成年人法律法规，经过认真的研究、论证和修改，1991

年 9 月 4 日，第七届全国人民代表大会常务委员会第二十一次会议审议通过了《中华人民共和国未成年人保护法》，2006 年 12 月 29 日第十届全国人民代表大会常务委员会第二十五次会议对该法进行了修订，自 2007 年 6 月 1 日起施行。

这部法律的颁布实施，为保护未成年人的身心健康，保障未成年人的合法权益，促进未成年人在品德、智力、体质等方面的全面发展，培养有理想、有道德、有文化、有纪律的社会主义建设者和接班人发挥着巨大的引导和促进作用。

二、主要内容

《中华人民共和国未成年人保护法》共 7 章 72 条，主要包括家庭保护、学校保护、社会保护、司法保护、法律责任等内容。

（一）指导思想和基本原则

在我国，未成年人是指未满 18 周岁的公民。未成年人保护法的指导思想是：保护未成年人的身心健康，保障未成年人的合法权益，优化未成年人成长的社会环境，有利于未成年人在品德、智力、体质等方面全面发展，使他们成为有理想、有道德、有文化、有纪律的社会主义现代化建设者。

保护未成年人的工作，应当遵循下列原则：

1. 保障未成年人的合法权益；
2. 符合未成年人身心发展的特点；
3. 尊重未成年人的人格尊严；
4. 教育与保护相结合。

（二）家庭保护

家庭保护是指父母或者其他监护人依法履行对未成年人的抚养、监护和教育的义务及其责任。

家庭保护的基本要求主要有：

1．抚养监护

父母或者其他监护人应当依法履行对未成年人的监护职责和抚养义务，不得虐待、遗弃未成年人；不得歧视女性未成年人或者有残疾的未成年人；禁止溺婴、弃婴。父母或者其他监护人不得允许或者迫使未成年人结婚，不得为未成年人订立婚约。

2．教养引导

父母或者其他监护人应当尊重未成年人接受教育的权利，必须使适龄未成年人按照规定接受义务教育，不得使在校接受义务教育的未成年人辍学。

父母或者其他监护人应当以健康的思想、品行和适当的方法教育未成年人，引导未成年人进行有益身心健康的活动，预防和制止未成年人吸烟、酗酒、流浪以及聚赌、吸毒、卖淫。

（三）学校保护

学校保护是指学校、幼儿园和其他教育机构对未成年人实施的保护。

1．保护未成年人的受教育权

受教育权是宪法赋予每个公民包括未成年公民的一项基本权利，学校作为实施教育的专门机构，更有义务来保障未成年人接受教育。

2．保证未成年人的人身安全和健康

学校作为教育机构，既有责任使在校学生接受良好的教育，又要保护学生在学校活动中的人身安全和健康，防止意外事件的发生。学校一定要时时刻刻注意安全工作。

首先，学校的教室和各种教学设施，必须经常检查，如果发现有危险，要立即修复，消除隐患。

其次，学校组织学生外出春游、看电影或者参加集会、进行社会实践等活动时，必须做好组织工作。活动前老师要讲明注意事项，并且做好应急准备，活动中，老师不能离开学生，要自始至终照看好学生，防止发生意外。

最后，学校要保证教室和各种教学设施符合国家标准。学校还要提供符合规定的卫生设备，并且要配合卫生防疫部门，做好各种常见病的群体预防和矫治工作，比如经常为学生检查视力，在传染病流行期间组织学生打预防针或吃预防药，以保证学生的身体健康。

3．保证未成年人的全面发展

德，是指要有正确的世界观，有高尚的品德和行为；智，是指能够比较全面地掌握所学的知识和技能，掌握建设祖国的本领；体，是指要有强健的体魄，能够适应社会主义建设的需要。这三方面是互相联系、缺一不可的。因此，国家教育部门对学校的课程设置作了明确的规定，学校除了进行语文、数学、物理、化学等文化课的教学外，还必须有思想品德课和音乐、体育、美术等课程，学校不得随意取消这些课程。

4．工读学校的特殊保护

工读学校是进行特殊教育的学校，它既不同于少年犯管教所，又不同于普通中学。在这里学习的学生，都有过违法行为或轻微的犯罪行为，但是又不够劳动教养、收容教养或刑事处罚的条件。工读学校应当对在校学生进行思想教育、文化教育、劳动技术教育和职业教育。这是工读教育的主要内容。

5．尊重未成年人的人格尊严

学校应当关心、爱护学生；对品行有缺点、学习有困难的学生，应当耐心教育、帮助，不得歧视。

对体罚学生的教师，学生或家长有权向学校领导反映，情节严重的，还可以要求上级领导取消其当教师的资格，或者由司法机关依法对其进行制裁。

（四）司法保护

未成年人享有生存权、发展权、受保护权、参与权等权利，国家根据未成年人身心发展特点给予特殊、优先保护，保障未成年人的合法权益不受侵犯。因此，未成年人保护法设专章对未成年人的权利进行司法保护。

1．民事活动中对未成年人的司法保护

人民法院审理离婚案件，涉及未成年子女抚养问题的，应当听取有表达意愿能力的未成年子女的意见，根据保障子女权益的原则和双方具体情况依法处理。

另外，监护人不履行职责或侵害被监护人的合法权益，经教育不改的，法院可以撤销其监护人的资格，并且被撤销监护资格的父母应当依法继续负担抚养费用。

2．刑事诉讼中对未成年人的司法保护

对违法犯罪的未成年人，应当依法从轻、减轻或者免除处罚。体现了对未成年人“教育为主、惩罚为辅”的原则，对违法犯罪的未成年人，实行教育、感化、挽救的方针。

公安机关、人民检察院讯问或询问未成年的犯罪嫌疑人、证人、被害人，应当通知其监护人到场。这不仅是保护监护人行使监护的权利，更主要的是对未成年人在刑事诉讼中的诸如回避、申诉、控告等权利的保护。

3．进一步加强了对未成年人个人隐私及义务教育、升学、就业等方面的特殊保护

对未成年人犯罪案件，新闻报道、影视节目、公开出版物、网络等不得披露该未成年人的姓名、住所、照片、图像以及可能推断出该未成年人的资料。

对羁押、服刑的未成年人，应当与成年人分别关押；羁押、服刑的未成年人没有完成义务教育的，应当对其进行义务教育；解除羁押、服刑期满的未成年人的复学、升学、就业不受歧视。

（五）法律责任

侵害未成年人的合法权益，其他法律法规已规定行政处罚的，从其规定；造成人身、财产损失或者其他损害的，依法承担民事责任；构成犯罪的，依法追究刑事责任。

国家机关及其工作人员不依法履行保护未成年人合法权益的责任，或者侵害未成年人合法权益，或者对提出申诉、控告、检举的人进行打击报复的，由其所在单位或者上级机关责令改正，对直接负责的主管人员和其他直接责任人员依法给予行政处分。

父母或者其他监护人不依法履行监护职责，或者侵害未成年人合法权益的，由其所在单位或者居民委员会、村民委员会予以劝诫、制止；构成违反治安管理行为的，由公安机关依法给予行政处罚。

学校、幼儿园、托儿所侵害未成年人合法权益的，由教育行政部门或者其他有关部门责令改正；情节严重的，对直接负责的主管人员和其他直接责任人员依法给予处分。

学校、幼儿园、托儿所教职员工对未成年人实施体罚、变相体罚或者其他侮辱人格行为的，由其所在单位或者上级机关责令改正；情节严重的，依法给予处分。

制作或者向未成年人出售、出租或者以其他方式传播淫秽、暴力、凶杀、恐怖、赌博等图书、报刊、音像制品、电子出版物以及网络信息等的，由主管部门责令改正，依法给予行政处罚。

生产、销售用于未成年人的食品、药品、玩具、用具和游乐设施不符合国家标准或者行业标准，或者没有在显著位置标明注意事项的，由主管部门责令改正，依法给予行政处罚。

在中小学校园周边设置营业性歌舞娱乐场所、互联网上网服务营业场所等不适宜未成年人活动的场所的，由主管部门予以关闭，依法给予行政处罚。

营业性歌舞娱乐场所、互联网上网服务营业场所等不适宜未成年人活动的场所允许未成年人进入，或者没有在显著位置设置未成年人禁入标志的，由主管部门责令改正，依法给予行政处罚。

向未成年人出售烟酒，或者没有在显著位置设置不向未成年人出售烟酒标志的，由主管部门责令改正，依法给予行政处罚。

非法招用未满 16 周岁的未成年人，或者招用已满 16 周岁的未成年人从事过重、有毒、有害等危害未成年人身心健康的劳动或者危险作业的，由劳动保障部门责令改正，处以罚款；情节严重的，由工商行政管理部门吊销营业执照。

未成年人救助机构、儿童福利机构及其工作人员不依法履行对未成年人的救助保护职责，或者虐待、歧视未成年人，或者在办理收留抚养工作中牟取利益的，由主管部门责令改正，依法给予行政处分。

胁迫、诱骗、利用未成年人乞讨或者组织未成年人进行有害其身心健康的表演等活动的，由公安机关依法给予行政处罚。

三、2006 年修法亮点

亮点一：进一步明确未成年人的权利。

修订后的未成年人保护法明确规定了未成年人享有“生存权、发展权、受保护权和参与权”四项基本权利，这是对《联合国儿童权利公约》中儿童应享有的各种权利的高度概括，较好地体现了与国际公约接轨的立法思想。同时，又强调“未成年人享有受教育权，国家、社会、学校和家庭尊重和保障未成年人的受教育权”，体现了我国的实际国情。

亮点二：进一步明确未成年人保护工作的原则。

未成年人保护工作要适应未成年人身心发展的规律和特点。保护未成年人的工作，应当遵循符合未成年人身心发展规律的特有原则，未成年人保护法将这些原则在各章中具体化规定。如在“社会保护”一章中规定，“学校、幼儿园、托儿所和公共场所发生突发事件时，应当优先救护未成年人”；在“家庭保护”一章中，增加了父母或者其他监护人应当“关注未成年人的生理、心理状况和行为习惯”的内容；在“司法保护”一章中，根据未成年犯罪嫌疑人和被告人的特点规定了社会调查制度。

亮点三：进一步明确保护主体。

保护未成年人是全社会的共同责任，各级政府的责任尤为重大。为了促进未成年人保护工作的落实，有必要进一步明确政府及其有关部门执法主体的地位和责任。我国未成年人保护法总则中规定：“国务院和地方各级人民政府领导有关部门做好未成年人保护工作；将未成年人保护工作纳入国民经济和社会发展规划及年度计划，相关经费纳入本级政府预算。”在“社会保护”一章和“法律责任”一章中，对县级以上人民政府及其教育、公安、民政、卫生等有关部门的责任作了进一步的明确规定。

亮点四：保障未成年人健康成长，强化家庭保护。

针对一些父母或者其他监护人对子女生而不养、养而不教、教而不当等问题，规定父母或者其他监护人应当学习家庭教育知识，正确履行监护职责，抚育未成年人健康成长；有关机构为未成年人父母或者其他监护人提供家庭教育指导；父母或者其他监护人应履行对未成年人监护职责，教育、保护未成年人，不得损害未成年人的合法权益、对未成年人实施家庭暴力。

亮点五：促进未成年人全面发展，强化学校保护。

教育法、义务教育法、职业教育法、教师法、民办教育促进法等法律对于学校的设置及职责、教师的权利和义务、未成年人受教育权的保障等作出了明确的规定。未成年人保护法主要增加以下内容：

一是强调“实施素质教育，培养未成年学生的创新精神和实践能力”。

二是规定学校应当“与父母或者其他监护人相互配合，保证未成年人必要的睡眠、娱乐和体育锻炼时间”，不得加重学生的学习负担。

三是规定学校应当建立校园安全制度并对学校安全事故的预防、报告和处理等问题作出新规。

四是对矫治未成年人严重不良行为的专门学校的设置、管理等问题作出规定。

亮点六：优化未成年人成长的社会环境，强化社会保护。

为了给未成年人提供良好的社会环境，未成年人保护法针对未成年人活动场所不足；对营业性歌舞娱乐场所以及网吧、酒吧；校园周边的治安和交通秩序；特殊未成年人义务教育；对未成年人权益的保障措施；居委会、村委会在保护未成年人工作中的责任等作了明确规定。

亮点七：强化法律责任。

为强化法律责任，增强法律的可操作性，未成年人保护法作出概括性规定和具体规定，为未成年人保护工作提供了制度支持和法律保障。在赋予相关主体的职权时，对没有尽职尽责的行为规定了相应的法律责任。

四、典型案例

1994 年刘兴玉与王强（已婚）租房同居生活，1996 年 12 月二人共同非婚生孩子宇涵出生。因各种原因刘兴玉与王强二人最终未能组成家庭。宇涵出生后由刘兴玉抚养生活至今，王强所尽抚养义务很少。2008 年因宇涵双下肢乏力、行走不便，刘兴玉带其去武汉同济医院检查，初步诊断为“双下肢 N 源性损害”，但病情也未最终确诊。2009 年 7 月 17 日刘兴玉要求王强支付从孩子出生到满十八周岁期间的抚养费及以后的检查、治疗费用。

【案件评析】

本案涉及父母对未成年子女的抚养义务，非婚生子女与婚生子女一样享有健康成长的权利。《中华人民共和国婚姻法》及《中华人民共和国未成年人保护法》都对未成年子女健康成长提供了家庭保护，这有利于孩子的合法权益得到实现，为未成年人的健康成长提供了法律保障。

☆《中华人民共和国预防未成年人犯罪法》重点知识解读

一、立法背景

自 20 世纪 70 年代以来，犯罪现象呈现出低龄化趋势。未成年人违反社会治安管理的案件既扰乱社会秩序，也给未成年人自身和其家庭带来不幸，成为影响社会稳定的一个因素。培养未成年人法制观念和遵守法律的行为习惯是实现国家对未成年人培养的目标。受教育和自身行为习惯的养成，未成年人的人生观、世界观、价值观对其成年以后影响极大。缺乏法制观念和是非观念是未成年人发生违法行为的自身因素。增强未成年人的辨别是非能力，培养未成年人良好的法制观念和行为习惯，是预防和减少未成年人发生违法犯罪行为，维护社会稳定的一项治本措施。

社会生活中存在妨害未成年人健康成长的消极因素，诱使未成年人误入歧途。家庭监护、学校教育、社区管理等方面的薄弱环节是未成年人发生违法行为的重要原因。动员和组织全社会的力量共同关心未成年人的教育，创造和维护未成年人健康成长的社会环境，是预防未成年人发生违法行为的重要措施，也是社会主义精神文明建设的重要任务。

为了解决这些问题，1999 年 6 月 28 日第九届全国人民代表大会常务委员会第十次会议通过《中华人民共和国预防未成年人犯罪法》，自 1999 年 11 月 1 日起施行。这部法律的出台为保障未成年人身心健康，培养未成年人良好品行，有效地预防未成年人犯罪提供了法律制度保障。

二、主要内容

《中华人民共和国预防未成年人犯罪法》共 8 章 57 条，主要包括预防未成年人犯罪的教育、对未成年人不良行为的预防、对未成年人严重不良行为的矫治、未成年人对犯罪的自我防范、对未成年人重新犯罪的预防、法律责任等方面的内容。

（一）预防未成年人犯罪的教育

预防未成年人犯罪的教育的目的，是增强未成年人的法制观念，使未成年人懂得违法和犯罪行为对个人、家庭和社会造成的危害，实施违法和犯罪行为应当承担法律责任，使未成年人树立遵纪守法和防范违法犯罪的意识。

1．社会各部门应当开展预防未成年人犯罪的教育

教育行政部门、学校应当将预防犯罪的教育作为法制教育的内容纳入学校的教育教学计划，结合常见多发的未成年人犯罪，对不同年龄的未成年人进行有针对性的预防犯罪教育。

司法行政部门、教育行政部门、共产主义青年团、少年先锋队应当结合实际，组织、举办展览会、报告会、演讲会等多种形式的预防未成年人犯罪的法制宣传活动。

2．学校及校外活动场所应当开展预防未成年人犯罪的教育

学校应当结合实际举办以预防未成年人犯罪的教育为主要内容的活动。教育行政部门应当将预防未成年人犯罪教育的工作效果作为考核学校工作的一项重要内容。

少年宫、青少年活动中心等校外活动场所应当把预防未成年人犯罪的教育作为一项重要的工作内容，开展多种形式的宣传教育活动。

3．未成年人的父母或者其他监护人对未成年人的法制教育负有直接责任

学校在对学生进行预防犯罪教育时，应当将教育计划告知未成年人的父母或者其他监护人，未成年人的父母或者其他监护人应当结合学校的计划，针对具体情况进行教育。

4．用人单位应当开展预防未成年人犯罪的教育

对于已满16周岁不满18周岁准备就业的未成年人，职业教育培训机构、用人单位应当将法律知识和预防犯罪教育纳入职业培训的内容。

（二）对未成年人不良行为的预防

1．未成年人不良行为的表现

未成年人不良行为的种类的表现形式主要有：旷课、夜不归宿；携带管制刀具；打架斗殴、辱骂他人；强行向他人索要财物；偷窃、故意毁坏财物；参与赌博或者变相赌博；观看、收听色情、淫秽的音像制品、读物等；进入法律法规规定未成年人不适宜进入的营业性歌舞厅等场所；其他严重违背社会公德的不良行为。

2．监护人和学校的责任

未成年人的父母或者其他监护人和学校应当教育未成年人不得吸烟、酗酒。

中小学生旷课的，学校应当及时与其父母或者其他监护人取得联

系。未成年人擅自外出夜不归宿的，其父母或者其他监护人、其所在的寄宿制学校应当及时查找，或者向公安机关请求帮助。

未成年人的父母或者其他监护人，不得让不满16周岁的未成年人脱离监护单独居住。未成年人的父母或者其他监护人对未成年人不得放任不管，不得迫使其离家出走，放弃监护职责。未成年人离家出走的，其父母或者其他监护人应当及时查找，或者向公安机关请求帮助。

学校对有不良行为的未成年人应当加强教育、管理，不得歧视。

3．教育行政部门的责任

教育行政部门、学校应当举办各种形式的讲座、座谈、培训等活动，针对未成年人不同时期的生理、心理特点，介绍良好有效的教育方法，指导教师、未成年人的父母和其他监护人有效地防止、矫治未成年人的不良行为。

4．其他部门的责任

公安派出所、城市居民委员会、农村村民委员会应当掌握本辖区内暂住人口中未成年人的就学、就业情况。对于暂住人口中未成年人实施不良行为的，应当督促其父母或者其他监护人进行有效的教育、制止。

广播电影电视行政部门、文化行政部门必须加强对广播、电影、电视、戏剧节目以及各类演播场所的管理。

（三）对未成年人严重不良行为的矫治

严重不良行为是指未成年人实施的严重危害社会，尚不够刑事处罚的违法行为。未成年人严重不良行为是其不良行为的发展与恶性表现，它作为一种违法行为，虽不够刑事处罚，但它却严重危害社会，扰乱正常的社会秩序和公共安全，同时也给这些未成年人的家庭和自身带来不幸，成为影响社会稳定的一个因素。

1. 未成年人严重不良行为的种类

未成年人严重不良行为的种类主要有：纠集他人结伙滋事，扰乱治安；携带管制刀具，屡教不改；多次拦截殴打他人或者强行索要他人财物；传播淫秽的读物或者音像制品等；进行淫乱或者色情、卖淫活动；多次偷窃；参与赌博，屡教不改；吸食、注射毒品；其他严重危害社会的行为。

2. 矫治严重不良行为的措施

(1) 工读学校教育

工读学校是普通教育的一种特殊形式，但又是一种综合性质的教育机构，因而其管理与教育有独特之处。工读学生应当集中食宿、集中管理，组织学生过有纪律的生活。要区别学生的不同情况，分层次进行管理和教育。要做到严而有度、严中有爱的管理，建立学生会、班委会等群众组织和必要的规章制度，并坚持表扬为主、批评为辅的教育原则。

(2) 治安管理处罚

对于违反治安管理因不满 14 周岁或者情节特别轻微而免予处罚的人，《中华人民共和国治安管理处罚法》规定了训诫，即由公安人员对其批评教育，指出违法行为的危害，帮助其认识错误，努力改正，不得再犯，训诫以口头方式进行。

(3) 政府收容教养

少年收容教养是依据我国刑事法律规定所建立的一项制度，也是我国少年矫正制度的重要组成部分。目前，我国的未成年人收容教养的执行场所是少年犯管教所，但必须与被判刑的少年犯分别关押，分别管教。收容教养的期限一般为 1 年至 3 年。收容教养不是刑事处罚，因而不计入刑事记录。对未成年人的收容教养是一种带有强制性的特殊管教，是一种必要的社会保护措施。

（四）未成年人对犯罪的自我防范

1．防范引诱

未成年人应当遵守法律、法规及社会公共道德规范，树立自尊、自律、自强意识，增强辨别是非和自我保护的能力，自觉抵制各种不良行为及违法犯罪行为的引诱和侵害。

2．防范侵害

未成年人不仅要防范引诱，还应当学会防范侵害，依法维护自己的合法权益。

(1) 防范遗弃、虐待等侵害行为

被父母或者其他监护人遗弃、虐待的未成年人，有权向公安机关、民政部门、共产主义青年团、妇女联合会、未成年人保护组织或者学校、城市居民委员会、农村村民委员会请求保护。

(2) 未成年人发现违法犯罪行为应及时举报

未成年人发现任何人对自己或者对其他未成年人有法律规定的不得实施的行为或者犯罪行为，可以通过所在学校、其父母或者其他监护人向公安机关或者政府有关主管部门报告，也可以自己向上述机关报告。

(3) 保护同违法犯罪作斗争的未成年人不受打击报复

对同犯罪行为作斗争以及举报犯罪行为的未成年人，司法机关、学校、社会应当加强保护，保障其不受打击报复。

（五）对未成年人重新犯罪的预防

犯罪的未成年人是指触犯了刑律，因而应受刑罚处罚的未成年人，不同于具有不良行为的未成年人或者有严重不良行为的未成年人。

1．对犯罪的未成年人追究刑事责任时应遵循的方针和原则

“教育、感化、挽救”犯罪的未成年人，是党和政府一贯坚持的方针。

“教育为主，感化为辅”，是我国司法机关对犯罪的未成年人追究刑事责任时一贯坚持的原则。

2．司法机关办理未成年人犯罪案件时应当保障未成年人的诉讼权利

办理未成年人犯罪案件的司法机关，主要是对未成年人犯罪案件进行侦查的公安机关，行使检察权、提起公诉的人民检察院，行使审判权的人民法院，以及拘留所、看守所、监狱、劳动教养场所、少管所等监管机关。诉讼权利是指未成年人犯罪嫌疑人、被告人在刑事诉讼过程中所享受的诉讼权利。

3．司法机关办理未成年人犯罪案件时应加强法制教育

司法机关办理未成年人犯罪案件，要特别注重法制教育，这既是“教育、感化、挽救”原则的要求，也是我国法律的明确要求，更是青少年健康成长的必然要求。

4．学校应妥善处理未成年学生的学籍

对于被采取刑事强制措施的未成年人来说，在人民法院的判决生效以前，被采取刑事强制措施的未成年人的所在学校，应当为该学生保留学籍，以充分保护该学生在校学习、接受文化知识教育的资格。

5．与未成年人犯罪案件有关的审判制度和宣传报道制度

（1）审理未成年人犯罪案件应由少年法庭进行。

（2）未成年人犯罪案件一般应不公开审理。

（3）对未成年人犯罪案件，新闻报道、影视节目、公开出版物不

得披露该未成年人的姓名、住所、照片及可能推断出该未成年人的资料。

6．监管职责

监管机关对被监管的未成年人应当承担监管职责。对被监管的未成年人，监管机关的法定职责主要有以下几个方面：

（1）与成年人分别关押、分别管理、分别教育的职责；

（2）进行法制教育的职责；

（3）进行职业技术教育的职责；

（4）进行文化知识教育的职责。

7．家庭、学校、社区基层组织的帮教工作

家庭、学校、社区基层组织应当协助司法机关做好几种特定的未成年人的帮教工作。主要包括 5 种重点帮教对象：

（1）因不满 16 周岁而不予刑事处罚的未成年人；

（2）免予刑事处罚的未成年人；

（3）被判处非监禁刑罚的未成年人；

（4）刑罚宣告缓刑的未成年人；

（5）被假释的未成年人。

8．保障未成年人的复学、升学、就业等

（1）未成年犯罪人在复学、升学、就业等方面享有平等权；

（2）任何单位和个人对未成年犯罪人不得歧视。

三、典型案例

早上，15 岁的小马告诉妈妈晚上要参加同学的生日聚会，可是到了晚上 11 点多还没有回家。小马的父母十分着急，给所有他们认识的小马的同学家里都打了电话，还是没有得知小马和同学们聚会的地址。小马一晚上都没有回家，后来父母才知道原来他们那天在一家迪厅聚会，彻夜未归，第二天上课时几乎每个人都在打瞌睡。

【案例评析】

夜不归宿，是指未成年人在未经父母同意的情况下有家不归的行为。法律之所以把夜不归宿规定为未成年人的不良行为，是因为黑夜乃犯罪的最佳时机。绝大多数的犯罪行为都是在黑夜的掩护下进行的，因此，未成年人不宜在无人监护的情况下长时间滞留在这种环境中。大量犯罪事实表明，未成年人夜不归宿不是浪迹街头、被引诱进入犯罪团伙就是成为犯罪作案的侵害对象。因此，未成年人如果确实要参加晚间活动，应该告知父母家人其活动的地址，留下方便的联系方式，无特殊情况不应在外留宿。

☆《中华人民共和国残疾人保障法》重点知识解读

一、立法背景

残疾人是特殊群体，在参与社会生活时除具有一般共性外还有其特殊性。交往中辅以盲文、手语和其他工具；教育中辅以特殊教育手段；在生产中使用必要的辅助工具；在体育中采用专门的方法和规则；在艺术中具有独特的表演方式等等，形成特殊点字、特殊手势语、特殊教育、特殊艺术、特殊体育、特殊职业技能、特殊器具的概念、规律、方法和辅助手段。

残疾人在社会生活中由于残疾影响和外界障碍处于某种不利地位，

正常作用发挥受到限制，这是不容忽视的社会问题。随着经济社会的发展，广大残疾人更加珍惜人生价值，广泛参与社会生活的意识和法制观念增强，要求依法保障自己的正当权益，并以法律规范自己的行动，《关于残疾人的世界行动纲领》和《残疾人职业康复和就业公约》要求会员国必须采取措施建立必要的法律基础和权威。残疾人事业也需要走上法制的轨道，对一个人数多、特殊而困难的群体工作法律化、规范化、制度化，是社会主义制度优越性的体现，也是对《关于残疾人的世界行动纲领》的响应，将在国内外产生积极影响。

从1985年以来，经过五年的认真准备，1990年12月28日第七届全国人民代表大会常务委员会第十七次会议审议通过《中华人民共和国残疾人保障法》，2008年4月24日第十一届全国人民代表大会常务委员会第二次会议对该法进行了修订完善。这部法律的颁布实施，为维护残疾人的合法权益，发展残疾人事业，保障残疾人平等地充分参与社会生活，共享社会物质文化成果，提供了法律保障。

二、主要内容

《中华人民共和国残疾人保障法》共9章68条，主要包括康复、教育、劳动就业、文化生活、社会保障、无障碍环境、法律责任等内容。

（一）立法宗旨

残疾人是指在心理、生理、人体结构上，某种组织、功能丧失或者不正常，全部或者部分丧失以正常方式从事某种活动能力的人。残疾人包括视力残疾、听力残疾、言语残疾、肢体残疾、智力残疾、精神残疾、多重残疾和其他残疾的人。

本法的宗旨是“平等”与“参与”。一是重申残疾人享有同其他公民平等的权利，并保护其不受侵害；二是采取辅助方法和扶持措施，发展残疾人事业，促进残疾人平等地充分参与社会生活。这也是国际上残疾人立法的通常做法。鉴于“保护”一词仅指“照管护卫，使不受伤害”，而“保障”一词除具有“保护”之意外，还指“起保障作用的事物”，所以本法名称选用“保障”一词。

（二）康复

康复是指通过医疗、工程、训练、心理等康复手段，可以使残疾人的功能得到恢复或补偿，自身能力得到增强。康复工作给社会带来的经济效益是其投入的10倍以上。康复工作指导原则和实施办法体现了我国社会结构和传统技术的优势，注意利用现有资源，并发挥残疾人及其家庭的作用。将现代康复技术与我国传统康复技术相结合，以必要的康复机构为骨干，以社区康复为基础，残疾人家庭为依托，以受益广、经济实用、简便易行的项目为重点给残疾人士提供方法上、体系上的康复的制度保障。

（三）教育

残疾人教育在教学内容和教学方法上要针对残疾人的特性和需要施教，既进行思想教育和文化教育，又注重身心补偿，加强自立精神、自理能力和劳动技能的培养，为其适应生活、参与社会创造条件。提供投资少、效果好、见效快的途径解决残疾人的受教育问题：即以义务教育和职业技术教育为重点，凡可以接受普通教育的残疾人，尽量进入普遍学校学习，利用普通教育机构解决残疾人受教育问题。在特殊教育的办学形式上，采取特殊教育学校与普通学校附设特教班相结合的方式。

（四）劳动就业

残疾人就业有福利救济型和劳动福利型两种途径。我国财力难以承受由国家包下来的福利救济做法，因此选择了通过政府优惠和扶持措施扶助有劳动能力的残疾人劳动自立的劳动福利型道路，这是我国特色的解决残疾人就业问题并减轻国家负担的有效办法。通过集中与分散相结合、采用多种形式促进残疾人劳动就业，并采用“应当选择适宜岗位，安排一定比例的残疾人就业”倡导性规定。在实践中，我国有些城市已作出了按比例录用残疾人的规定，并明确了比例数。

（五）文化生活

国家保障残疾人享有平等参与文化生活的权利。各级人民政府和有关部门鼓励、帮助残疾人参加各种文化、体育、娱乐活动，积极创造条件，丰富残疾人的精神文化生活。残疾人文化、体育、娱乐活动应当面向基层，融于社会公共文化生活，适应各类残疾人的不同特点和需要，使残疾人广泛参与。

政府和社会鼓励、帮助残疾人从事文学、艺术、教育、科学、技术和其他有益于人民的创造性劳动。政府和社会促进残疾人与其他公民之间的相互理解和交流，宣传残疾人事业和扶助残疾人的事迹，弘扬残疾人自强不息的精神，倡导团结、友爱、互助的社会风尚。

（六）社会保障

国家保障残疾人享有各项社会保障的权利。政府和社会采取措施，完善对残疾人的社会保障，保障和改善残疾人的生活。国家保障残疾人的主要措施有：

1．残疾人及其所在单位应当按照国家有关规定参加社会保险。

2．各级人民政府对生活确有困难的残疾人，通过多种渠道给予生活、教育、住房和其他社会救助。

3．地方各级人民政府对无劳动能力、无扶养人或者扶养人不具有扶养能力、无生活来源的残疾人，按照规定予以供养。

4．国家鼓励和扶持社会力量举办残疾人供养、托养机构。

5．县级以上人民政府对残疾人搭乘公共交通工具，应当根据实际情况给予便利和优惠。残疾人可以免费携带随身必备的辅助器具。

6．政府有关部门和残疾人组织应当建立和完善社会各界为残疾人捐助和服务的渠道，鼓励和支持发展残疾人慈善事业，开展志愿者助残等公益活动。

（七）无障碍环境

国家和社会应当采取措施，逐步完善无障碍设施，推进信息交流无障碍，为残疾人平等参与社会生活创造无障碍环境。各级人民政府和有关部门应当按照国家无障碍设施工程建设规定，逐步推进已建成设施的改造，优先推进与残疾人日常工作、生活密切相关的公共服务设施的改造。对无障碍设施应当及时维修和保护。

国家采取措施，为残疾人信息交流无障碍创造条件。各级人民政府和有关部门应当采取措施，为残疾人获取公共信息提供便利。国家和社会研制、开发适合残疾人使用的信息交流技术和产品。国家举办的各类升学考试、职业资格考试和任职考试，有盲人参加的，应当为盲人提供盲文试卷、电子试卷或者由专门的工作人员予以协助。

公共服务机构和公共场所应当创造条件，为残疾人提供语音和文字提示、手语、盲文等信息交流服务，并提供优先服务和辅助性服务。公共交通工具应当逐步达到无障碍设施的要求。有条件的公共停车场应当为残疾人设置专用停车位。

组织选举的部门应当为残疾人参加选举提供便利；有条件的，应当为盲人提供盲文选票。

三、2008 年修法亮点

亮点一：禁止对残疾人歧视。

修订后的残疾人保障法明确规定：禁止基于残疾的歧视。禁止侮辱、侵害残疾人。禁止通过大众传播媒介或者其他方式贬低损害残疾人人格。

亮点二：开展出生缺陷预防和早期发现。

新修订的残疾人保障法规定，国家有计划地开展残疾预防工作，加强对残疾预防工作的领导，宣传、普及母婴保健和预防残疾的知识，建立健全出生缺陷预防和早期发现、早期治疗机制，针对遗传、疾病、药物、事故、灾害、环境污染和其他致残因素，组织和动员社会力量，采取措施，预防残疾的发生，减轻残疾程度。

法律还明确，以实用、易行、受益广的康复内容为重点，优先开展残疾儿童抢救性治疗和康复。

亮点三：按比例安排残疾人就业。

新修订的残疾人保障法明确规定，国家实行按比例安排残疾人就业制度。国家机关、社会团体、企业事业单位、民办非企业单位应当按照规定的比例安排残疾人就业，并为其选择适当的工种和岗位。达不到规定比例的，按照国家有关规定履行保障残疾人就业义务。国家鼓励用人单位超过规定比例安排残疾人就业。

亮点四：强化各级政府在保障残疾人权益方面的职责。

新修订的残疾人保障法规定，国务院制定中国残疾人事业发展纲要，县级以上地方人民政府根据中国残疾人事业发展纲要，制定本行政区域的残疾人事业发展规划和年度计划，使残疾人事业与经济、社会协调发展。县级以上人民政府负责残疾人工作的机构，负责组织、协调、指导、督促有关部门做好残疾人事业的工作。

法律还规定，国家建立健全残疾人统计调查制度，开展残疾人状况的统计调查和分析。

四、典型案例

王伟系平顶山市第27中97级应届毕业生，年幼时因患小儿麻痹症留下下肢残疾。1997年王伟参加河南省普通中专学校考试时，填报的第一志愿是平顶山市财贸学校，考分为456分，超过了427分的招生录取分数线。但是，平顶山市财贸学校以该校计算机房在四楼，王伟无自理能力为由拒绝录取。王伟认为，平顶山市财贸学校在1997年招生时，以其身体跛行残疾为由不予录取的行为违法，侵犯了其受教育权。为此，王伟向平顶山市湛河区人民法院提起诉讼。请求依法判令平顶山市财贸学校按照《中华人民共和国残疾人保障法》第22条之规定，尊重本人的报考志愿，将其录取为该校97级学生。平顶山市湛河区人民法院在审理本案过程中，平顶山市财贸学校经过对王伟的残疾程度进行详细的调查后，认为王伟的考试成绩和身体残疾程度均符合国家规定的录取标准。1997年10月18日将王伟录取到该校学习后，王伟认为自己的受教育权已得到保护，主动向法院申请撤回起诉。

【案件评析】

本案涉及对残疾人权益的保障问题，诉讼是依据我国残疾人保障法的相关规定。在进行诉讼过程中，学校改变原来的决定保障了王伟的受教育权，是值得庆贺的。修订后的残疾人保障法直接作出明确规定，使残疾人受保障的权利内容更加具体，全社会应树立保护残疾人的意识和氛围，提供更多有利于残疾人士成长和自立的机会，使他们的生活能过得更有尊严。这是时代的进步，社会的进步！

☆《中华人民共和国归侨侨眷权益保护法》重点知识解读

一、立法背景

侨民、归侨、侨眷众多是我国特有的国情和优势。华侨具有爱国爱乡的光荣传统，对中国革命和建设作出了巨大贡献。新中国成立后华侨积极回国，在祖国各条战线上参加革命和建设，是我国四化建设的一支重要力量。归侨、侨眷与海外亲人有着广泛的联系，是做好海外侨胞工作和争取国际朋友的重要桥梁，对发展对外合作与交流，增进海峡两岸的联系，促进建设和繁荣港澳地区的经济，促进世界各国人民之间的友谊都起着重要的作用。保护海外侨胞和归侨、侨眷的正当和合法的权益，调动他们在振兴中华、和平统一祖国大业中的积极作用，把侨务政策用法律的形式固定下来，是建立健全我国侨务法制建设的需要，符合归侨、侨眷、海外侨胞的共同愿望和迫切要求，也符合国家和各族人民的根本利益。

1990 年 9 月 7 日第七届全国人民代表大会常务委员会第十五次会议审议通过了《中华人民共和国归侨侨眷权益保护法》，2000 年 10 月 31 日第九届全国人民代表大会常务委员会第十八次会议对该法进行了修正，2009 年 8 月 27 日第十一届全国人民代表大会常务委员会第十次会议对该法进行了修改完善。这部法律的修改完善，为新世纪更好地开展侨务工作，更好地依法保护侨益，广泛团结归侨、侨眷和海外侨胞，为振兴中华、统一祖国大业共同努力奋斗提供了法制保障。

二、主要内容

《中华人民共和国归侨侨眷权益保护法》共 30 条，主要包括华侨、归侨和侨眷的认定；归侨、侨眷的合法权益范围和法律责任等几方面的内容。

（一）适用范围

本法对华侨、归侨和侨眷的概念作了界定，明确了本法的适用范围，为有效给该类特定人群提供保护作了法律认定。

归侨是指回国定居的华侨。华侨是指定居在国外的中国公民。侨眷是指华侨、归侨在国内的眷属。侨眷包括：华侨、归侨的配偶，父母，子女及其配偶，兄弟姐妹，祖父母、外祖父母，孙子女、外孙子女，以及同华侨、归侨有长期扶养关系的其他亲属。

（二）保护原则

针对华侨、归侨、侨眷自身的特点，国家对他们提供了特殊的保护，有利于保障他们的合法权利。

归侨、侨眷享有宪法和法律规定的公民的权利，并履行宪法和法律规定的公民的义务，任何组织或者个人不得歧视。

国家对回国定居的华侨给予安置。各级人民政府应当对归侨、侨眷的就业给予照顾，提供必要的指导和服务。

（三）政治权利

由于华侨、归侨和侨眷具有自身的特殊性，为保障他们的合法政治权益受到尊重和保障，法律对此作了具体规定。

全国人民代表大会和归侨人数较多地区的地方人民代表大会应当有适当名额的归侨代表。归侨、侨眷有权依法申请成立社会团体，进行适合归侨、侨眷需要的合法的社会活动。

（四）经济权利

针对华侨、归侨、侨眷在经济、文化上不同于国内普通民众的特殊性，法律对此也作了相关特殊规定。

国家对安置归侨的农场、林场等企业给予扶持，任何组织或者个人不得侵占其合法使用的土地，不得侵犯其合法权益。

国家依法保护归侨、侨眷在国内私有房屋的所有权。依法征收、征用、拆迁归侨、侨眷私有房屋的，建设单位应当按照国家有关规定给予合理补偿和妥善安置。

三、2000 年修法亮点

《中华人民共和国归侨侨眷权益保护法》经过十年的实施，证明其原则和主要规定是正确的，效果很好，已为广大侨胞、归侨、侨眷所知晓和拥护。在 2000 年修改中，保留这部法律的框架和基本内容，对一些非改不可的条款进行修改、补充或充实。

亮点一：关于归侨、侨眷合法权益条款的修改问题。

根据我国社会主义市场经济形势发展的需要，修改安置归侨的农场、林场等企业所设立的教育、医疗、治安等机构的有关规定，国家对归侨、侨眷依法投资兴办各项产业依法给予支持鼓励、优惠或者优先，依法征用、拆迁归侨、侨眷私有房屋应当按有关规定给予合理补偿和妥善安置。增加关于国家依法维护归侨、侨眷职工的社会保障权益并对归侨、侨眷就业给予照顾、指导和服务的内容。

亮点二：根据维护侨益的需要，增加了侨务工作部门作用的内容。

为顺应侨务工作和保护侨益，增添相关工作机构作为工作部门。这是对国家现有的有关规定的重申。

亮点三：关于合法权益的救济途径问题。

为保护归侨、侨眷的合法权益，为遭受不法侵害的归侨、侨眷提供更为有效的救济，针对他们自身的特点，作出相应规定，提供包括通过侨务机构、各级华侨联合会、人民检察院和人民法院在内的多种救济途径。

亮点四：增加了六个方面法律责任的内容。

针对侵害归侨、侨眷合法权益现象，新增法律条文规定了不履行保护归侨、侨眷合法权益职责的部门或组织、国家机关工作人员的法律责任，如明确规定了对非法侵占安置归侨的农林场土地、非法侵占归侨侨眷在国内私有房屋合法权益、侵犯出境定居的归侨侨眷应享受的福利劳保待遇等的法律责任。

第三章　劳动者权益保护

第一节　基本劳动法律制度

一、劳动法概述

（一）劳动法的概念

劳动法是调整劳动关系以及与劳动关系密切联系的其他社会关系的法律规范的总和。劳动法分为广义的劳动法和狭义的劳动法。

狭义的劳动法是指 1995 年 1 月 1 日起正式生效的《中华人民共和国劳动法》。这部劳动法是我国建国以来第一部完备的劳动法律，在中华人民共和国境内有普遍的法律效力。

广义的劳动法是指由国家权力机关颁布的关于调整劳动关系以及与劳动关系密切联系的其他社会关系的法律规范的总和，主要包括劳动法律、劳动行政法规、劳动规章、地方性劳动法规和劳动规章以及其他规范性文件等。

（二）劳动法的调整对象

劳动法的调整对象可分为劳动关系和与劳动关系密切的其他关系。

劳动关系通常是指在劳动过程中形成的人与人之间的社会关系。它与劳动者直接联系，离开了劳动者就没有了劳动关系产生的基础条件。同时，劳动关系是劳动者与用人单位之间的关系，既离不了劳动者，也离不了用人单位。二者相伴而生，缺一不可。在劳动关系发生、存续直至消亡期间，劳动双方当事人须依法享有各自的权利和承担相应的义务，因此劳动关系是一种在平等条件下存续的、同时也具有依赖性的社会关系。

与劳动关系密切的其他关系，主要包括：因处理劳动争议所发生的关系；在执行社会保险方面而产生的关系；劳动者组织与国家机关、企事业单位等之间因监督、保障、管理劳动而发生的关系等。

二、劳动法律关系

（一）劳动法律关系的概念

劳动法律关系是劳动关系在法律上的表现，是发生在当事人之间的符合劳动法律规范、具有权利义务内容的关系，是指劳动法律规范在调整劳动关系的过程中形成的法律上有关劳动权利和劳动义务的关系。我国目前的劳动关系种类可以分为：全民所有制单位的劳动法律关系；集体所有制单位的劳动法律关系；私营企业的劳动法律关系；中外合资企业的劳动法律关系，外商独资企业的劳动法律关系；劳动者个体经营单位的劳动法律关系等。

（二）劳动法律关系的要素

劳动法律关系与其他法律关系一样，包括主体、内容和客体三个要素。

1．劳动法律关系的主体

（1）劳动法律关系主体的概念

劳动法律关系主体，是指依照劳动法的规定享有权利与承担义务的劳动法律关系的参加者。劳动法律关系主体主要包括劳动者、用人单位和工会。

（2）劳动者

劳动者，是指依据劳动法律和劳动合同规定，在用人单位的管理下从事体力或脑力劳动并获取劳动报酬的自然人。自然人要成为劳动者，必须具有法律规定的劳动者的主体资格。即同时具有劳动权利能力和劳动行为能力。

所谓劳动权利能力，是指自然人能够享有劳动权利和承担劳动义务的法律资格。所谓劳动行为能力，是指自然人能够以自己的行为依法行使劳动权利和履行劳动义务的能力。只有同时具备劳动权利能力和劳动行为能力的自然人，才能成为劳动者，充当劳动法律关系主体。

劳动者的劳动权利能力和劳动行为能力，与自然人的民事权利能力和民事行为能力相比具有以下特征：

第一，劳动者的劳动权利能力和劳动行为能力同时产生，同时终止。

根据我国劳动法的规定，自然人的劳动权利能力和劳动行为能力从年满 16 周岁时同时产生（文艺、体育和特种工艺单位依法经县级以上劳动行政部门批准招用的未满 16 周岁的文艺工作者、运动员和艺徒除外），至超过法定劳动年龄、完全丧失劳动能力时终止。

第二，劳动者的劳动权利能力和劳动行为能力统一而不可分割，须由劳动者本人实现。

劳动者的劳动权利能力和劳动行为能力统一而不可分割，包含两层含义：其一，时间上的统一性，即二者同时产生、同时终止、不可割离；其二，实现上的统一性，即二者的实现（实际享有劳动权利、承担劳动义务），统一于劳动者本人，不允许他人代理。

第三，劳动者的劳动权利能力和劳动行为能力受文化水平、行为自由等因素的制约。

根据我国有关规定，不同的招工需有不同的文化水平要求；对未达到相应学历的，用人单位有权拒绝聘用。法律禁止任何组织和个人招用应该接受义务教育的适龄儿童、少年就业。

第四，某些劳动者的劳动权利能力和劳动行为能力受到限制。

这种限制通常是为了对某些劳动者进行特殊保护。

(3) 用人单位

用人单位，是指依据劳动法律和劳动合同的规定，使用劳动者并向其支付劳动报酬的单位。根据现行法律规定，用人单位包括企业、个体经济组织、国家机关、事业组织、社会团体等。

用人单位的用人权利能力和用人行为能力，与法人、非法人组织以及个体工商户的民事权利能力和民事行为能力相比，具有以下特征：

第一，用人单位的用人权利能力和用人行为能力的产生时间通常晚于法人、非法人组织以及个体工商户民事权利能力和民事行为能力的产生时间。

第二，用人单位的用人权利能力和用人行为能力受职工编制、地域等因素的制约。

在我国，国家机关、事业组织、社会团体的用人权利能力和用人行为能力，须在经有关国家机关批准的职工编制范围之内；少数企业亦应受此限制。

2．劳动法律关系的内容

劳动法律关系内容，是指劳动法律关系主体双方依法享有的权利和承担的义务。它是联结劳动法律关系主体与客体的媒介，也是劳动法律关系的核心和实质。劳动者和用人单位之间的劳动关系，只有通过权利义务形式表现出来，才成为劳动法律关系。

劳动法律关系主体的权利与义务具有统一性和对应性。所谓统一性，是指劳动法律关系主体双方既享有一定的权利，又承担一定的义务。劳动法不允许劳动法律主体只享受权利而不承担义务，或者只承担义务而不享受权利。所谓对应性，是指劳动法律关系主体一方的权利是对方的义务，一方的义务也是对方的权利。

三、劳动法的基本内容

劳动法的内容主要包括：劳动就业制度的规定、劳动合同的规定、关于集体合同的签订与执行办法、工作时间和休息时间制度、工资方面的规定、劳动安全与卫生的各项规程、女职工与未成年工的特殊保护办法、职业培训的法规、社会保险与福利制度、劳动争议处理制度、有关执行劳动法的检查监督制度、违反劳动法的法律责任。上述一系列有关调整劳动关系的法律、法规、规章构成了劳动法的完整体系。

四、劳动者的权利及其义务

劳动者的权利义务构成了劳动法律关系的实质内容，同时也就规定了用人单位的权利义务内容，是劳动者的权利，就是用人单位的义务；是用人单位的义务，就是劳动者的权利。这是法律关系中权利义务对等现象在劳动关系中的体现。

（一）劳动者的基本劳动权利

劳动者的基本劳动权利主要包含以下内容：

1．平等就业和选择职业的权利；

2．取得劳动报酬的权利；

3．享有休息休假的权利；

4．获得劳动安全卫生保护的权利；

5．接受职业技能培训的权利；

6．享有社会保险和福利的权利；

7．享有提请劳动争议处理的权利；

8．享有民主管理企业的权利；

9．与用人单位平等协商的权利；

10．签订集体合同的权利；

11．享有依法参加和组建工会的权利。

（二）劳动者的基本劳动义务

劳动者的基本劳动义务包含以下内容：

1．积极完成劳动的义务；

2．认真执行劳动安全卫生规程；

3．不断提高劳动技能；

4．严格遵守劳动职业纪律；

5．严格遵守职业道德。

五、劳动法的原则及其法的渊源

（一）劳动法的原则

劳动法的制定，充分体现了下列原则：

1．充分体现宪法原则，突出对劳动者权益的保护

我国宪法对劳动者的权利、义务以及对劳动者权益的保护都作出了原则规定。劳动法要充分体现宪法有关规定的精神，把劳动者享有的合法权益明晰化、具体化，并保证宪法赋予劳动者的权益得以实施，同时，从维护和发展稳定和谐的劳动关系出发，劳动法也要对保护用人单位的权益作出相应的规定。

2．有利于促进生产力发展

我国社会主义建设的中心任务是发展社会生产力，提高综合国力。劳动法在坚持以保护劳动者合法权益为宗旨的同时，把有利于解放和发展生产力作为重要原则，注意与公司法等有关法律相衔接，明确规定了企业自主用人、自主分配工资等权利，以达到促进经济发展和社会进步的目的。

3．规定统一的基本标准和规范

根据建立统一的劳动力市场规则和劳动标准，坚持劳动关系主体平等地受法律保护的原则，法律从我国各地区经济发展不平衡，地区之间、产业之间、企业之间、不同所有制经济组织之间差异的实际出发，规定了各方面都可以接受的基本标准和规范。

4．保护公平竞争原则

5．保护弱者权益原则

（二）劳动法的渊源

法的渊源是法律的具体表现形式，调整劳动法律关系的法的渊源有：宪法、劳动法律、劳动行政法规、部门劳动规章、地方性的劳动法规、地方性的行政规章、司法解释、国际劳工条约等。

第二节　劳动争议的处理制度

一、劳动争议的概念

劳动争议是指劳动者与用人单位之间因劳动权利义务关系所发生的争议。或者说劳动争议是指劳动关系的当事人双方，由于对相互之间权利义务关系的要求不一致而发生的争议，即劳动关系双方当事人因实现劳动权利和履行劳动义务而发生的纠纷。劳动争议的主体必须是劳动关系当事人，一方是用人单位及其团体，另一方则是与用人单位建立劳动关系的劳动者或其团体。即劳动争议主体包括劳动者和用人单位（包括自然人、法人和具有经营权的组织），二者都是劳动法律关系中权利的享有者和义务的承担者。争议的内容是争议主体之间发生的权利义务关系的纠纷。劳动争议的客体是指劳动争议所指向的对象，即劳动争议是劳动关系当事人之间因劳动的权利与义务而发生的争执，是劳动关系不协调的反映。表现形式为劳动者与用人单位之间、劳动者之间、用人单位之间因劳动问题引起的争议。

二、劳动争议处理制度的含义

劳动争议处理制度是通过劳动立法的形式将劳动争议处理的机构、原则、程序等确定下来，用以处理劳动争议的一项法律制度。

劳动关系是指劳动者与用人单位（包括各类企业、个体工商户、事业单位等）在实现劳动过程中建立的社会经济关系。可以分别从广义和狭义的范围理解。从广义上讲，任何劳动者与任何性质的用人单位之间因从事劳动而结成的社会关系都属于劳动关系的范畴。从狭义上讲，现实经济生活中的劳动关系是指由国家劳动法律法规规范约束的劳动法律关系，即双方当事人是被一定的劳动法律规范所规定和确认的权利和义务联系在一起的，其权利和义务的实现，是由国家强制力来保障的。劳动法律关系的劳动者必须成为某一用人单位的成员，遵守该单位内部的劳动规则并参加生产劳动；而用人单位则必须提供工作条件，按照劳动者的劳动给付其报酬并不断改善劳动者的物质文化生活。

三、劳动争议处理制度的特征

劳动争议处理制度的主要特点包括：

（一）实行三方原则

在我国，三方原则是指由政府劳动行政部门、同级工会、用人单位三方的代表共同参与制定劳动工作领域的政策和决策问题的一项原则。

（二）自愿与强制原则并存

我国劳动争议处理制度中，企业劳动争议调解实行的是自愿原则，而劳动争议仲裁实行的是强制原则。

（三）处理程序简便、灵活

我国的劳动争议处理方式多种多样，除诉讼外，其程序皆很灵活。选择不同的劳动争议处理方式应适用各自不同的程序。劳动法第七十七条规定：“用人单位与劳动者发生劳动争议，当事人可以依法申请调解、仲裁、提起诉讼，也可以协商解决。调解原则适用于仲裁和诉讼程序。”因此，我国解决劳动争议的途径为协商、调解、仲裁和诉讼。

（四）处理案件迅速、及时

如《中华人民共和国劳动争议调解仲裁法》第二十九条规定：“劳动争议仲裁委员会收到仲裁申请之日起五日内，认为符合受理条件的，应当受理，并通知申请人……”第四十三条规定：“仲裁庭裁决劳动争议案件，应当自劳动争议仲裁委员会受理仲裁申请之日起四十五日内结束。案情复杂需要延期的，经劳动争议仲裁委员会主任批准，可以延期并书面通知当事人，但是延长期限不得超过十五日。逾期未作出仲裁裁决的，当事人可以就该劳动争议事项向人民法院提起诉讼。”

（五）处理方式注重调解

我国劳动争议处理方式的特点在于对调解的运用。劳动争议调解仲裁法第三条规定解决劳动争议要着重调解。

在进行判决或裁决之前，应当先进行调解，有利于解决劳动争议，维护和谐的劳动关系。

（六）免费原则

《中华人民共和国劳动争议调解仲裁法》第五十三条规定劳动争议仲裁不收费。劳动争议仲裁委员会的经费由财政予以保障。这从制度上根本保证了劳动者不因经济问题而失去获得救济的手段，有利于维护劳动者的合法权益。

四、劳动争议处理的范围

依据我国相关法律规定，发生在国家机关、企事业单位、社会团体与本单位工人之间争议和个体工商户与帮工、学徒之间发生的有关劳动的争议，皆属于劳动争议处理的范围。

2008 年 5 月 1 日起施行的《中华人民共和国劳动争议调解仲裁法》第二条具体规定了我国劳动争议的范围：

1．因确认劳动关系发生的争议；

2．因订立、履行、变更、解除和终止劳动合同发生的争议；

3．因除名、辞退和辞职、离职发生的争议；

4．因工作时间、休息休假、社会保险、福利、培训以及劳动保护发生的争议；

5．因劳动报酬、工伤医疗费、经济补偿或者赔偿金等发生的争议；

6．法律、法规规定的其他劳动争议。

五、劳动争议处理的机构

我国劳动争议的处理机构包括：企业的劳动争议调解委员会，基层人民调解组织，乡镇、街道劳动争议调解委员会和人民法院。企业劳动争议调解委员会由职工代表和企业代表组成。职工代表由工会成员担任或者由全体职工推举产生，企业代表由企业负责人指定。企业劳动争议调解委员会主任由工会成员或者双方推举的人员担任。地方劳动争议调解委员会和人民法院的相关组成条件都有法律法规的明确规定。

六、劳动争议处理的解决方式

根据我国劳动法第七十七条规定："用人单位与劳动者发生劳动争议，当事人可以依法申请调解、仲裁、提起诉讼，也可以协商解决。调解原则适用于仲裁和诉讼程序。"因此，我国解决劳动争议的途径为协商、调解、仲裁和诉讼。诉讼是劳动争议的最后解决方式。

（一）协商

由于劳动争议的当事人分别为用人单位和该单位的职工，因此协商是处理劳动合同争议的首要选择，这有利于争议双方自愿达成协议，消除双方争议，加强团结。但双方自愿协商并不是劳动争议解决的必经方式。如果协商不成或不愿协商，双方可以采取向本企业的劳动争议调解委员会申请调解等方式解决劳动争议。

（二）调解

劳动争议调解委员会的调解是解决劳动争议的一个非常有效且能改善争议双方当事人关系的方式。在处理劳动争议过程中，企业劳动争议调解委员会占有十分重要的地位。调解和协商一样，完全是靠当事人自觉、自愿达成协议且依赖于当事人自我约束来实际履行，不具有强制力。同样，调解和协商也并不是解决劳动争议的必经途径。当事人不愿意协商和调解，也可以直接向劳动争议仲裁委员会申请仲裁。

（三）仲裁

劳动争议的仲裁是解决劳动争议的重要手段，它既具有解决劳动争议灵活、快捷的特点，又具有诉讼一样的强制性。我国的劳动争议仲裁制是具有强制性、可诉式的一裁终裁制。强制性是指仲裁是解决劳动争议的必经途径，只有经过仲裁了，才可以向人民法院提起诉讼。并不是仲裁裁决必须强制执行。可诉式，即一旦劳动争议当事人不服仲裁裁决，争议的解决途径就是还可以向人民法院提起诉讼。选择仲裁并不排斥诉讼，但选择诉讼必先经过仲裁，即所谓仲裁是劳动争议诉讼的前置条件。需要指出的是，不是所有裁决当事人都可以提起诉讼。一裁终裁制的含义有二，既指劳动争议只能经过一次仲裁，又指劳动争议仲裁机构只有一级。申请一次仲裁之后，就不能就同一事情再要求申请一次仲裁了。

（四）诉讼

劳动争议调解仲裁法第五条规定，发生劳动争议，当事人不愿调解、调解不成或者达成调解协议后不履行的，可以向劳动争议仲裁委员会申请仲裁；对仲裁裁决不服的，除本法另有规定的外，可以向人民法院提起诉讼。这里的另有规定，是指该法第七十七条、第七十八条的规定，即：下列劳动争议，除本法另有规定的外，仲裁裁决为终局裁决，裁决书自作出之日起发生法律效力：1．追索劳动报酬、工伤医疗费、经济补偿或者赔偿金，不超过当地月最低工资标准 12 个月金额的争议；2．因执行国家的劳动标准在工作时间、休息休假、社会保险等方面发生的争议。但劳动者对第四十七条规定的仲裁裁决不服的，可以自收到仲裁裁决书之日起 15 日内向人民法院提起诉讼。

第三节　就业促进

一、劳动就业的概念

劳动就业是指具备了就业资格和就业愿望的人，从事一定社会经济活动并取得合法劳动报酬或者营业收入的活动或状态，包括就业人员在用人单位从事全日制的劳动、非全日制的劳动和自主创业等形式。就业促进法律制度是指各级人民政府、就业服务机构用人单位和劳动者主体在就业过程中统筹协调、援助、服务等一系列规则。就业促进法是指规定政府等相关主体采取的以帮助公民实现劳动就业的诸如统筹协调和政策调节就业服务、就业援助等一系列法律措施的总称。

二、促进就业的基本原则

（一）国家促进就业原则

我国就业促进法对促进就业作了专门的规定。国家促进就业的措施主要有：

1．国家通过促进经济发展，创造就业条件，扩大就业机会；

2．国家采取一系列措施鼓励企业、事业单位、社会团体等在法律法规允许的范围内兴办产业或者拓展经营，以增加就业机会；

3．国家支持劳动者自谋职业；

4．国家建立和健全劳动就业的服务体系。

（二）平等就业和双向选择原则

平等就业是指劳动者就业，不因民族、种族、性别、宗教信仰不同而受歧视，均享有平等的获得就业机会的权利。它具体包括两个方面的内容：一是就业资格的平等，即劳动者的就业资格是平等的，不因民族、种族、性别、宗教信仰不同而受歧视；二是就业能力衡量尺度的平衡，即社会对公民的劳动行为能力要以同一标准进行衡量。

双向选择是指劳动者根据自己的意愿、爱好以及才能等自由选择职业，而用人单位有权根据实际需要自主选择劳动者。双向选择有利于发挥雇佣双方的能动性。

（三）照顾特殊群体就业原则

照顾特殊群体就业原则的主要体现就是为特殊群体提供特殊就业

保障。特殊就业保障的对象包括妇女、残疾人、退役军人和少数民族人员。我国劳动法第十三条规定："妇女享有与男子平等的就业权利。在录用职工时，除国家规定的不适合妇女的工种或者岗位外，不得以性别为由拒绝录用妇女或者提高对妇女的录用标准。"第十四条规定："残疾人、少数民族人员、退出现役的军人的就业，法律、法规有特别规定的，从其规定。"这两条是对特殊就业保障的规定，体现了照顾特殊群体就业原则。

三、劳动就业的形式

劳动就业的形式，是指国家在政策和法规中确认的劳动者实现就业的方式。它包括职业介绍机构介绍就业、自愿组织就业、自谋职业、国家安置就业四种形式。

（一）职业介绍机构介绍就业

职业介绍机构介绍就业，是指职业介绍机构将求职的劳动者推荐给用人单位，由用人单位择优录用。

（二）自愿组织就业

自愿组织就业，是指城镇失业人员、企业富余职工和农村剩除劳动力，在国家和社会的扶持下，根据社会的需要和本人的专长，按照自愿原则组织起来，举办各种类型的集体经济组织，以实现就业。

（三）自谋职业

自谋职业，是指城镇失业人员、企业富余人员和农村剩余劳动力，从事个体劳动经营以实现就业。国家制定的有关城乡个体工商户的法规和政策，是从事个体劳动的主要法律和政策依据。国家允许保留城市户籍到外地集镇开办个体工商户。国家鼓励和支持自谋职业，保护自谋职业者的合法权益，并要求给予自谋职业者同其他劳动者平等的社会地位和政治地位。

（四）国家安置就业

国家安置就业，又称国家分配就业或政策性安置就业，是指根据国家劳动计划，劳动人事行政部门和有关部门将符合政策和法规所规定条件的劳动者分配或安排到一定范围内的用人单位就业。

四、我国解决劳动就业的主要途径

根据我国现阶段经济发展的状况和劳动力资源、就业结构，解决劳动就业的主要途径有：

（一）国家促进经济、社会发展，创造就业条件

解决就业问题关键在于促进经济发展和社会进步。经济发展势必为发展社会事业和新的经济部门提供丰厚的物质基础，并能创造更多的就业岗位，吸纳更多的社会劳动力；同时经济发展和社会进步，将促使国民收入提高，必然会扩大人们的消费需求和水平，从而为创建新的行业提供了可能。因此，国家促进经济、社会发展对创造就业条件、扩大就业机会具有重要作用。

（二）发展第三产业、发展多种所有制经济，开辟更多就业渠道

第三产业发展速度快，就能较多地吸纳从第二产业中分流出去的

人员，从而有助于缓解就业压力。多种所有制经济的共同发展，不仅可以创造更多的社会财富，而且能够开辟更多的就业渠道。

（三）发展乡村企业，发展城镇经济，吸纳更多的农村剩余劳动力

我国农村剩余劳动力大量进入城市，处于准失业状态，不仅给城镇管理带来问题，而且影响城镇人口就业，使我国劳动力供大于求的矛盾更加突出。发展乡村企业，加速小城镇建设，能够使农村剩余劳动力就地消化转移，缓解大中城市的就业压力。

（四）提高劳动者素质，为充分就业创造条件

当今人类社会经济形态由工业经济向知识经济过渡，高科技产业的发展、知识经济的逐渐到来，在不断创造出种种新的就业机会的同时，迫切要求劳动力素质的升级换代。因此，我国要大力发展职业培训、转业培训、再就业培训，提倡劳动者终生学习，不断掌握和巩固新技能。只有提高劳动者素质，才能适应科学技术的发展，适应工作岗位对劳动者的要求，劳动者在职业上才能有更多的选择性。

（五）完善社会保障制度，为劳动者合理流动解决后顾之忧

我国劳动力市场发展缓慢，其中原因之一就是社会保障制度不健全。失业保障、就业保障等制度的建立和完善，对于推动劳动力市场形成具有重要作用。

（六）开发国际劳务市场，扩大劳务输出

应进一步利用我国劳动力的优势，大规模推动劳动力与外资结合形式的就业，开发国际劳务市场。把国内剩余劳动力输往国外，不

仅可以减轻国内就业压力，而且还可以提高我国劳务人员的素质和竞争力。

☆《中华人民共和国劳动法》重点知识解读

一、立法背景

自改革开放以来，我国非公有制经济成分有了很大发展，公有制企业也在加快转换经营机制，由此带来了劳动关系的复杂化、多样化。为正确调整和维护劳动关系双方的合法权益，解决用人单位与劳动者之间的矛盾，客观上迫切需要健全和完善劳动法制建设，保障劳动者的合法权益不受侵犯。

市场经济体制要求以市场作为劳动力资源配置的基础性手段。随着市场经济的发展和劳动领域改革的不断深入，我国劳动体制逐步向市场配置劳动力方向发展和完善，劳动力开发、配置和使用的商品化、社会化程度明显提高，开放性、竞争性日益明显，客观上要求将各种劳动关系纳入市场运行的轨道。劳动关系主体的行为和权利、义务，劳动力市场秩序，都需要用法律来规范和维护。在此背景下，1994 年 7 月 5 日第八届全国人民代表大会常务委员会第八次会议审议通过了《中华人民共和国劳动法》。2009 年 8 月 27 日第十一届全国人民代表大会常务委员会第十次会议对该法进行了修订完善。

劳动法在坚持以保护劳动者合法权益为宗旨的同时，把有利于解放和发展生产力作为重要原则，注意与有关法律相衔接，明确规定了企业自主用人、自主分配工资、非过失性辞退职工等权利，以达到促进经济发展和社会进步的目的。

二、主要内容

《中华人民共和国劳动法》共13章107条，主要包括适用范围、促进就业、劳动合同和集体合同、工作时间和休息休假、工资、劳动安全卫生、女职工和未成年工特殊保护、职业培训、社会保险和福利、劳动争议、监督检查、法律责任等方面的内容。

（一）适用范围

劳动法并不是针对所有的在职人员制定的一部法律，只有在中国境内的企业、个体经济组织和与之形成劳动关系的劳动者，才适用劳动法。国家机关、事业组织、社会团体和与之建立劳动合同关系的劳动者依照劳动法执行。

这里有两点需要加以注意：

一是只要劳动者已事实上成为企业、个体经济组织的成员，不论是否订立了劳动合同，都适用劳动法。

二是国家机关、事业组织、社会团体只有实行劳动合同制度的以及按照规定应当实行劳动合同制度的工勤人员和建立劳动合同关系的非工勤人员适用劳动法。未建立劳动合同关系的非工勤人员与国家机关、事业组织、社会团体之间的关系，不适用劳动法。此外，依据有关规定，实行企业化管理的事业组织的人员适用劳动法。公务员和比照实行公务员制度的事业组织和社会团体的工作人员，农村劳动者、现役军人和家庭保姆，享有外交特权与豁免权的外国人，不适用劳动法。

（二）促进就业

促进就业的原则主要有：双向选择的原则、竞争就业的原则、平等就业的原则、照顾特殊群体的原则、限制未成年人就业的原则。受法律照顾的特殊群体包括妇女、残疾人、少数民族人员、退役军人。限制未成年人就业不等于禁止未成年人就业，年满16周岁的未成年人就业是法律不鼓励却允许的，但法律禁止用人单位招用未满16周岁的未成年人。文艺、体育、特种工艺单位确需招用未满16周岁的文艺工作者、运动员和艺徒时，须报经县级以上劳动行政部门批准。

（三）劳动合同和集体合同

1．劳动合同

（1）劳动合同的种类

劳动合同分为三种：定期劳动合同、不定期劳动合同和以完成一定工作为期限的劳动合同。

（2）劳动合同的订立

劳动合同应采用书面形式，合同中必须载明以下条款：劳动合同期限；工作内容；劳动保护和劳动条件；劳动报酬；劳动纪律；合同终止的条件；违反劳动合同的责任。除此之外，还可以载明试用期条款、保密条款等。

（3）劳动合同的效力

劳动合同当事人双方意思表示一致，签订劳动合同之日，劳动合同就产生法律效力。鉴证与公证都不是劳动合同生效的必经程序。

违反法律、行政法规的劳动合同，采取欺诈、威胁等手段订立的劳动合同是无效的。劳动合同的无效由劳动争议仲裁委员会或者人民法院确认。关于无效合同的确认机构应注意与一般民事合同无效的确认机构有所不同。

（4）劳动合同的解除

劳动合同的解除是劳动合同当事人在劳动合同期限届满之前终止劳动合同关系的行为。劳动合同的解除分为协商解除、用人单位单方解除、劳动者单方解除和劳动合同自行解除。

2．集体合同

（1）集体合同的订立

集体合同是由工会或职工推荐的代表代表职工一方与用人单位就集体劳动关系中全体劳动者的最低劳动条件、劳动标准等事项在平等协商一致的基础上达成的协议。集体合同必须采用书面形式。

（2）集体合同的生效

集体合同签订后，必须报送劳动行政部门，劳动行政部门自收到集体合同之日起 15 日内未提出异议的，集体合同生效，对企业及企业的全体职工具有约束力。

（3）集体合同争议的解决

因签订集体合同发生争议，当事人应协商解决，协商解决不成的，由劳动行政部门组织各方协调处理。因履行集体合同发生争议的，可以通过协商、仲裁和诉讼解决。

（四）工作时间和休息休假

1．工作时间的种类

工作时间的种类分为标准工作时间、缩短工作时间、延长工作时间、不定时工作时间和综合工作时间。

我国的标准工作时间为每天工作 8 小时，每周工作 40 小时。缩短工作时间即每天工作少于 8 小时，缩短工作时间主要适用于：

(1) 从事夜班劳动的劳动者；

(2) 哺乳期内的女职工；

(3) 从事井下作业、有毒有害、特别繁重或过度紧张等作业的劳动者。

延长工作时间即每天工作时间超过 8 小时，每周工作时间超过 40 小时，延长工作时间必须符合法律规定。

2. 休息、休假

休息的种类包括：工作日内的间歇时间，最少不得少于半小时；工作日间的休息时间，一般不得少于 16 小时；公休假日，即周休息日，一般为每周 2 天，企业、事业单位可根据实际情况灵活安排周休息日，应保证劳动者每周至少休息 1 天。

休假的种类包括：法定节假日，有元旦、春节、国际劳动节、国庆节、清明节、中秋节、重阳节等；探亲假；年休假。依据劳动法第四十五条，国家实行带薪年休假制度，劳动者连续工作 1 年以上的，享受带薪年休假。

(五) 工资

工资是用人单位依据国家有关规定和劳动合同约定的标准，根据劳动者提供劳动的数量和质量，以货币形式支付给劳动者的劳动报酬。

1. 工资的形式主要有计时工资、计件工资、奖金、津贴、补贴和特殊情况下的工资等。

但劳动者的下列劳动收入不属于工资范围：

(1) 单位支付给劳动者个人的社会保险福利费用，如丧葬抚恤救济费、生活困难补助费、计划生育补贴等；

(2) 劳动保护方面的费用，如用人单位支付给劳动者的工作服、清凉饮料费用等；

(3) 按规定未列入工资的各种劳动报酬总额及其他劳动收入，如合理化建议和技术进步奖、自然科学奖等。

2．工资应以货币形式支付，不得以实物或者有价证券代替货币支付。

3．劳动者依法享受年休假、探亲假、婚丧假期间，以及依法参加社会活动期间，用人单位应按照劳动合同规定的标准支付工资。

4．国家实行最低工资保障制度，劳动者在法定工作时间内提供了正常劳动的前提下，其所在用人单位支付劳动者的工资不得低于当地最低工资标准。

5．劳动者因探亲、结婚、直系亲属死亡按照规定休假期间，以及依法参加国家和社会活动期间，视为提供了正常劳动，用人单位支付给劳动者的工资不得低于最低工资标准。

(六) 劳动保护

劳动保护制度主要包括：

1．安全生产责任制度；

2．安全技术措施制度；

3．劳动安全卫生教育制度；

4．劳动安全卫生检查制度；

5．劳动安全卫生监督制度；

6．伤亡事故和职业病统计报告处理制度。

未成年工、女职工的特殊劳动保护是劳动保护部分的重点。对未成年职工劳动保护的内容归纳起来有以下几点：

1．禁止安排未成年职工从事禁忌的体力劳动；

2．对未成年工应定期进行健康检查；

3．未成年工上岗前，用人单位应对其进行有关的职业安全卫生教育、培训。

对女职工特殊保护的内容归纳起来有以下几点：

1．禁止安排女职工从事禁忌的劳动；

2．对处于孕期、产期、哺乳期的女职工给予特殊保护，如对怀孕7个月以上及哺乳未满1周岁婴儿的女职工，不得安排延长工作时间和夜班劳动；

3．女职工生育享受不少于90天的产假。

社会保险是由国家统一建立并强制实行的，保险基金由国家、用人单位和劳动者合理负担，以企业负担为主，在劳动者暂时或者永久丧失劳动能力而没有生活来源时给予物质帮助，维持基本生活需要的各种制度的总称。社会保险的项目有：养老保险、失业保险、工伤保险、医疗保险和生育保险。社会保险与商业保险不同，具有强制性、互济性、保障性和福利性的特征。

（七）劳动争议

劳动争议是劳动关系的当事人双方因执行劳动法律、法规或者履行劳动合同、集体合同而发生的争议。劳动争议分为个人劳动争议与集体劳动争议。就劳动争议的内容讲，包括因履行劳动合同而发生的争议，因履行集体合同而发生的争议，因执行国家有关工作时间、休息休假、工资、社会保险与福利、劳动安全卫生、女职工和未成年职工特殊保护、职业培训等的规定而发生的争议，因开除、除名、辞退职工和职工辞职、自动离职等而发生的争议，因经济补偿、赔偿而发生的争议等等。

用人单位与劳动者发生劳动争议，当事人可以依法申请调解、仲裁、提起诉讼，也可以协商解决。

三、典型案例

重庆机床配件一厂于 1975 年招用杨正强，双方建立劳动关系。1992 年 10 月至 1993 年 9 月，杨正强向重庆机床配件一厂申请停薪留职一年并缴纳一年停薪留职费用。期满后，杨正强未续办停薪留职，也未再回重庆机床配件一厂处上班。1995 年 4 月 25 日，重庆机床配件一厂作出机配发（1995）23 号“关于对杨正强除名处理的决定”，通知载明：杨正强自 1992 年 10 月至 1993 年 9 月申请停薪留职 1 年，期满后未要求回单位工作，也未提出辞职。从 1993 年 10 月到 1995 年 4 月 5 日连续旷工 448 天，期间劳资科曾书面通知杨正强并在 3 月 25 日重庆晚报第七版中缝栏登载寻人启事限杨正强 4 月 5 日回厂未果。重庆机床配件一厂根据国务院《企业职工奖惩条例》第十八条规定对杨正强予以除名处理。该除名决定未提交送达杨正强。2009 年 5 月 27 日，重庆机床配件一厂向杨正强出据已于 1995 年 4 月 25 日开除杨正强厂籍的证明。2009 年 6 月 1 日，杨正强向重庆市巴南区劳动争议仲裁委员会申请仲裁，该委以杨正强申请仲裁已超过时效为由作出不予受理案件通知书。杨正强不服，遂向法院提起诉讼。

【案件评析】

本案涉及的是劳动关系确认问题。杨正强 1975 年至重庆机床配件一厂处工作，双方建立合法的劳动关系，应当受到法律保护。职工受到行政处分、经济处罚或者被除名，企业应当书面通知本人。因解除或者终止劳动关系产生的争议，用人单位不能证明劳动者收到解除或者终止劳动关系书面通知时间的，劳动者主张权利之日为劳动争议发生之日，劳动争议申请仲裁的时效期间为一年。仲裁时效期间从当事人知道或者应当知道其权利被侵害之日起计算。重庆机床配件一厂于

1995年4月25日作出对杨正强的除名决定，但未将该除名决定向杨正强送达，故杨正强于2009年5月27日收到重庆机床配件一厂出具的开除证明之日为双方劳动争议发生之日，法院对重庆机床配件一厂认为杨正强的仲裁申请已过仲裁时效的抗辩理由不予支持。杨正强与重庆机床配件一厂之间具有劳动关系。本案的处理也并不妨碍企业对劳动者重新作出处理决定。

☆《中华人民共和国劳动合同法》重点知识解读

一、立法背景

1994年7月全国人大常委会通过的《中华人民共和国劳动法》确立的我国劳动合同制度对于破除传统计划经济体制下行政分配式的劳动用工制度，为建立与社会主义市场经济体制相适应的用人单位与劳动者双向选择的劳动用工制度，实现劳动力资源的市场配置，促进劳动关系和谐稳定，发挥了十分重要的作用。为了完善劳动合同制度，明确劳动合同双方的权利和义务，保护劳动者的合法权益，构建和发展和谐稳定的劳动关系，在总结我国劳动合同制度实施经验并借鉴一些发达市场经济国家劳动合同制度的基础上，2007年6月29日第十届全国人民代表大会常务委员会第二十八次会议审议通过了《中华人民共和国劳动合同法》。

《中华人民共和国劳动合同法》的颁布实施，为完善劳动合同制度，明确劳动合同双方当事人的权利和义务，保护劳动者的合法权益，构建和发展和谐稳定的劳动关系提供了制度保障。

二、主要内容

《中华人民共和国劳动合同法》共 8 章 98 条，主要包括劳动合同的适用范围，劳动合同订立、履行、变更，劳动合同的解除和终止等内容。

（一）调整范围

中华人民共和国境内的企业、个体经济组织、民办非企业单位等组织与劳动者建立劳动关系，订立、履行、变更、解除或者终止劳动合同，适用劳动合同法。

国家机关、事业单位、社会团体和与其建立劳动关系的劳动者，订立、履行、变更、解除或者终止劳动合同，依照劳动合同法执行。

事业单位与实行聘用制的工作人员订立、履行、变更、解除或者终止劳动合同，法律、行政法规或者国务院另有规定的，依照其规定；未作规定的，依照劳动合同法有关规定执行。

（二）劳动合同的订立和签订书面合同

劳动合同的订立，是劳动合同制度实施的基础。为了保证劳动者在订立劳动合同时充分知情，劳动合同法规定了用人单位的告知义务，用人单位与劳动者建立劳动关系、订立劳动合同，应当如实告知劳动者工作内容、工作条件、工作地点、职业危害、安全生产状况、劳动报酬，以及劳动者希望了解的其他与订立劳动合同直接相关的情况。为了切实维护劳动者的合法权益，防止用人单位在订立劳动合同时利用劳动者求职时的弱势地位作出欺诈或者显失公平行为，劳动合同法规定了用人单位以欺诈、胁迫手段订立劳动合同等5种劳动合同无效的情形，以及用人单位乘人之危，使劳动者在违背真实意思的情况下订立劳动合同等3种可以请求劳动争议仲裁机构或者人民法院撤销劳动合同的情形。同时，劳动合同法还规定：劳动合同被确认无效或者被撤销，劳动者已付出劳动的，除劳动者本人也有过错的情况外，用人单位应当向劳动者支付劳动报酬。

劳动合同法为了解决一些用人单位不愿意与劳动者订立书面合同的问题，规定劳动合同应当以书面形式订立；劳动合同期限分为有固定期限、无固定期限和以完成一定工作为期限3种；已存在劳动关系，但是双方未以书面形式订立劳动合同的，除劳动者有其他意思表示外，视为双方已订立无固定期限劳动合同，并应当及时补办订立书面劳动合同的手续；用人单位和劳动者对是否存在劳动关系有不同理解的，除有相反证明的以外，以有利于劳动者的理解为准。

通过制度设计，考虑实际情况，增加可操作性，引导双方解决订立书面劳动合同问题，法律规定，用人单位自用工之日起即与劳动者建立劳动关系。用人单位自用工之日起不与劳动者订立书面劳动合同应承担相应的法律责任。

（三）关于劳动合同的解除和终止

劳动合同法针对劳动合同的解除和终止条件、劳动者的经济补偿等问题，规定了用人单位解除劳动合同的条件。还规定劳动合同订立所依据的客观情况发生重大变化致使劳动合同无法履行、经济性裁员的条件和程序，特别是规定用人单位不得解除劳动合同的情形。劳动合同法规定了劳动者解除劳动合同提前通知、随时通知、立即解除劳动合同的条件。劳动合同法同时还规定劳动合同终止的条件。为了发挥经济补偿在约束用人单位的解雇行为、稳定劳动关系、保护劳动者权益方面的作用，劳动合同法细化了用人单位解除劳动合同时向劳动者支付经济补偿的规定，并针对一些用人单位利用劳动合同终止无须支付经济补偿的现行制度，与劳动者签订短期劳动合同，造成劳动关系不稳定的问题，规定劳动合同终止用人单位也应当向劳动者支付经济补偿。我们重点介绍一下劳动者解除劳动合同的情形和用人单位解除劳动合同的情形。

1．劳动者可以解除劳动合同的情形

用人单位与劳动者协商一致，可以解除劳动合同。劳动者提前30日以书面形式通知用人单位，可以解除劳动合同。劳动者在试用期内提前3日通知用人单位，可以解除劳动合同。

用人单位有下列情形之一的，劳动者可以解除劳动合同：

（1）未按照劳动合同约定提供劳动保护或者劳动条件的；

（2）未及时足额支付劳动报酬的；

（3）未依法为劳动者缴纳社会保险费的；

（4）用人单位的规章制度违反法律、法规的规定，损害劳动者合法权益的；

（5）因用人单位过错致使劳动合同无效的；

（6）法律、行政法规规定劳动者可以解除劳动合同的其他情形。

用人单位以暴力、威胁或者非法限制人身自由的手段强迫劳动者劳动的，或者用人单位违章指挥、强令冒险作业危及劳动者人身安全的，劳动者可以立即解除劳动合同，不需事先告知用人单位。

2．用人单位可以解除劳动合同的情形

用人单位与劳动者协商一致，可以解除劳动合同。劳动者有下列情形之一的，用人单位可以解除劳动合同：

(1) 在试用期间被证明不符合录用条件的；

(2) 严重违反用人单位的规章制度的；

(3) 严重失职，营私舞弊，给用人单位造成重大损害的；

(4) 劳动者同时与其他用人单位建立劳动关系，对完成本单位的工作任务造成严重影响，或者经用人单位提出，拒不改正的；

(5) 因劳动者过错致使劳动合同无效的；

(6) 被依法追究刑事责任的。

有下列情形之一的，用人单位提前30日以书面形式通知劳动者本人或者额外支付劳动者1个月工资后，可以解除劳动合同：

(1) 劳动者患病或者非因工负伤，在规定的医疗期满后不能从事原工作，也不能从事由用人单位另行安排的工作的；

(2) 劳动者不能胜任工作，经过培训或者调整工作岗位，仍不能胜任工作的；

(3) 劳动合同订立时所依据的客观情况发生重大变化，致使劳动合同无法履行，经用人单位与劳动者协商，未能就变更劳动合同内容达成协议的。

(四) 关于平等协商和集体合同制度

劳动合同法对集体合同设专节规定工会组织或者职工代表有权与用人单位通过平等协商，就劳动报酬、工作时间、休息休假、劳动安全卫生、保险福利等事项签订集体合同。集体合同对于保护劳动者的合法权益具有重要作用，集体合同应当提交职工代表大会或者全体职工讨论通过。在县级以下区域内，特定行业可以由工会组织与企业方面代表订立对当地全行业的用人单位和劳动者具有约束力的行业性集体合同。可以订立劳动安全卫生、工资调整机制等专项集体合同。集体合同可以就劳动条件和劳动报酬等作出规定，并规定对违反集体合同，侵犯职工劳动权益，履行集体合同发生争议的救济途径。

（五）无固定期限劳动合同

用人单位与劳动者协商一致，可以订立无固定期限劳动合同。有下列情形之一，劳动者提出或者同意续订、订立劳动合同的，除劳动者提出订立固定期限劳动合同外，应当订立无固定期限劳动合同：

1．劳动者在该用人单位连续工作满10年的；

2．用人单位初次实行劳动合同制度或者国有企业改制重新订立劳动合同时，劳动者在该用人单位连续工作满10年且距法定退休年龄不足10年的；

3．连续订立2次固定期限劳动合同，且劳动者没有劳动合同法第三十九条和第四十条第（一）项、第（二）项规定的情形，续订劳动合同的。

用人单位自用工之日起满1年不与劳动者订立书面劳动合同的，视为用人单位与劳动者已订立无固定期限劳动合同。同时，在法律责任中规定：用人单位违反本法规定不与劳动者订立无固定期限劳动合同的，自应当订立无固定期限劳动合同之日起向劳动者每月支付2倍的工资。

（六）试用期

劳动合同期限3个月以上不满1年的，试用期不得超过1个月；劳动合同期限1年以上不满3年的，试用期不得超过2个月；3年以上固定期限和无固定期限的劳动合同，试用期不得超过6个月。同一用人单位与同一劳动者只能约定一次试用期。以完成一定工作任务为期限的劳动合同或者劳动合同期限不满3个月的，不得约定试用期。

试用期包含在劳动合同期限内。劳动合同仅约定试用期的，试用期不成立，该期限为劳动合同期限。劳动者在试用期的工资不得低于本单位相同岗位最低档工资或者劳动合同约定工资的80%，并不得低于用人单位所在地的最低工资标准。

在试用期中，除劳动者有不符合录用条件、有违规违纪违法行为，不能胜任工作等情形外，用人单位不得解除劳动合同。用人单位在试用期解除劳动合同的，应当向劳动者说明理由。同时，在法律责任中规定：用人单位违反本法规定与劳动者约定试用期的，由劳动行政部门责令改正；违法约定的试用期已经履行的，由用人单位以劳动者试用期满月工资为标准，按已经履行的超过法定试用期的期间向劳动者支付赔偿金。

（七）劳动合同的履行

用人单位与劳动者应当按照劳动合同的约定，全面履行各自的义务。用人单位应当按照劳动合同约定和国家规定，向劳动者及时足额支付劳动报酬。用人单位拖欠或者未足额支付劳动报酬的，劳动者可以依法向当地人民法院申请支付令；人民法院应当依法发出支付令。

用人单位应当严格执行劳动定额标准，不得强迫或者变相强迫劳动者加班。用人单位安排加班的，应当按照国家有关规定向劳动者支付加班费。劳动者拒绝用人单位管理人员违章指挥、强令冒险作业的，不视为违反劳动合同。

劳动者对危害生命安全和身体健康的劳动条件，有权对用人单位提出批评、检举和控告。国家采取措施，建立健全劳动者社会保险关系跨地区转移接续制度。

（八）经济性裁员

经济性裁员就是指企业由于经营不善等经济性原因，解雇多个劳动者的情形。有下列情形之一，需要裁减人员20人以上或者裁减不足20人但占企业职工总数10%以上的，用人单位提前30日向工会或者全体职工说明情况，听取工会或者职工的意见后，裁减人员方案经向劳动行政部门报告，可以裁减人员：

1．依照企业破产法规定进行重整的；

2．生产经营发生严重困难的；

3．企业转产、重大技术革新或者经营方式调整，经变更劳动合同后，仍需裁减人员的；

4．其他因劳动合同订立时所依据的客观经济情况发生重大变化，致使劳动合同无法履行的。

裁减人员时，应当优先留用下列劳动者：

1．与本单位订立较长期限的固定期限劳动合同的；

2．与本单位订立无固定期限劳动合同的；

3．家庭无其他就业人员，有需要扶养的老人或者未成年人的。

用人单位依法裁减人员，在6个月内重新招用人员的，应当通知被裁减的人员，并在同等条件下优先招用被裁减的人员。

（九）劳务派遣

劳务派遣是指由劳务派遣机构与派遣劳工订立劳动合同，由派遣劳工向要派企业（实际用工单位）给付劳务，劳动合同关系存在于劳务派遣机构与派遣劳工之间，但劳动力给付的事实则发生于派遣劳工与要派企业（实际用工单位）之间。劳务派遣单位应当依照公司法的有关规定设立，注册资本不得少于 50 万元。劳务派遣单位应当履行用人单位对劳动者的义务。劳务派遣单位与被派遣劳动者订立的劳动合同，除应当载明有关事项外，还应当载明被派遣劳动者的用工单位以及派遣期限、工作岗位等情况。

劳务派遣单位应当与被派遣劳动者订立 2 年以上的固定期限劳动合同，按月支付劳动报酬；被派遣劳动者在无工作期间，劳务派遣单位应当按照所在地人民政府规定的最低工资标准，向其按月支付报酬。劳务派遣单位应当将劳务派遣协议的内容告知被派遣劳动者。劳务派遣单位不得克扣用工单位按照劳务派遣协议支付给被派遣劳动者的劳动报酬。劳务派遣单位和用工单位不得向被派遣劳动者收取费用。

用工单位应当履行下列义务：

1. 执行国家劳动标准，提供相应的劳动条件和劳动保护；
2. 告知被派遣劳动者的工作要求和劳动报酬；
3. 支付加班费、绩效奖金，提供与工作岗位相关的福利待遇；
4. 对在岗被派遣劳动者进行工作岗位所必需的培训；
5. 连续用工的，实行正常的工资调整机制。

用工单位不得将被派遣劳动者再派遣到其他用人单位。被派遣劳动者享有与用工单位的劳动者同工同酬的权利。用工单位无同类岗位劳动者的，参照用工单位所在地相同或者相近岗位劳动者的劳动报酬确定。劳务派遣一般在临时性、辅助性或者替代性的工作岗位上实施。

（十）监督检查

县级以上地方人民政府劳动行政部门依法对下列实施劳动合同制度的情况进行监督检查：

1. 用人单位制定直接涉及劳动者切身利益的规章制度及其执行的情况；

2. 用人单位与劳动者订立和解除劳动合同的情况；

3. 劳务派遣单位和用工单位遵守劳务派遣有关规定的情况；

4. 用人单位遵守国家关于劳动者工作时间和休息休假规定的情况；

5. 用人单位支付劳动合同约定的劳动报酬和执行最低工资标准的情况；

6. 用人单位参加各项社会保险和缴纳社会保险费的情况；

7. 法律、法规规定的其他劳动监察事项。

县级以上地方人民政府劳动行政部门实施监督检查时，有权查阅与劳动合同、集体合同有关的材料，有权对劳动场所进行实地检查，用人单位和劳动者都应当如实提供有关情况和材料。劳动行政部门的工作人员进行监督检查，应当出示证件，依法行使职权，文明执法。

（十一）法律责任

劳动合同法为了保证劳动合同制度的顺利实施，切实维护劳动者的合法权益，对劳动合同缺乏必备条款、违法约定试用期、违法收取劳动者的财物或者扣押劳动者的身份证件、对劳动者侮辱体罚和强迫劳动、违章指挥或者强令冒险作业危及劳动者人身安全，以及劳动者违法解除劳动合同等行为规定了相应的法律责任。同时对用人单位恶意欠薪、拖欠经济补偿的除规定限期支付外，还规定了逾期应当向劳动者加付相应的赔偿等等。该法对不忠实履行劳动合同的当事人同样规定了相应的法律责任，促使合同当事人严格依法行事，保护合同当事人的合法权益。

三、典型案例

石期丰于 1998 年 1 月被聘用进入中国人民财产保险股份有限公司衡阳市分公司下属单位南岳支公司（以下简称分公司）工作，于 2008 年 3 月开始担任南岳支公司副经理。2008 年 10 月 31 日，石期丰与中国人民财产保险股份有限公司衡阳市分公司签订书面劳动合同，约定劳动合同期限从 2008 年 11 月 1 日起至 2016 年 10 月 31 日止。2008 年 11 月 5 日双方签订《竞业限制协议》。2009 年 3 月 9 日，石期丰向分公司递交一份书面辞职报告，分公司将该辞职报告向其上级单位中国人民财产保险股份有限公司湖南省分公司（以下简称湖南省分公司）呈报。2009 年 3 月 20 日开始，石期丰未再回分公司处上班。2009 年 3 月 23 日，湖南省分公司下发湘人保财险复（2009）44 号《关于石期丰辞职的批复》。同年 6 月 11 日，分公司根据湖南省分公司的批复制作并向石期丰送达《关于不同意解除劳动合同》的函，明确表示不同意解除劳动合同。分公司按照有关法律法规、制度规定和合同约定处理。石期丰递交辞职报告前年薪为 70000 元，其中年薪的 70% 已逐月发放完毕，年薪的 30% 在 2009 年 4 月上旬发放给了石期丰。

【案件评析】

本案根据《中华人民共和国劳动合同法》规定劳动者提前 30 日以书面形式通知用人单位，可以解除劳动合同。对于劳动者而言，劳动合同属于不能强制履行的合同，可以基于劳动者个人意愿予以解除，故分公司根据湖南省分公司的批复制作并向石期丰送达《关于不同意解除劳动合同》的函，表示不同意解除劳动合同不能被强制实现。所以法院判决解除石期丰与分公司的劳动合同。

☆《中华人民共和国就业促进法》重点知识解读

一、立法背景

就业是民生之本和安国之策，促进就业是构建社会主义和谐社会的重要组成部分。党中央、国务院先后制定一系列有关促进就业的政策，并在实践中发挥了重要作用。但是，我国的就业工作仍然面临着十分严峻的形势，就业压力越来越大，劳动力供求总量和结构性矛盾突出，劳动者的职业能力和素质亟待提高，人才和劳动力市场不规范，损害劳动者权益的现象时有发生，职业教育和培训工作相对滞后。随着经济的发展和市场国际化趋势的加快，对劳动者的职业能力和素质提出了更高的要求，进一步建立完善以就业为导向的职业教育和培训，加强就业前培训、在职职工培训以及对就业劳动者的技能培训等十分迫切。需要加强就业指导和服务，建立和完善公共就业服务体系以及就业援助制度，加大对弱势群体的扶持力度。

为对侵害劳动者就业合法权益的行为明确法律责任，加大对违法行为的惩处力度，根据党和国家关于促进就业的一系列方针、政策，在认真总结促进就业实践经验、借鉴国外促进就业立法经验的基础上，2007 年 8 月 30 日第十届全国人民代表大会常务委员会第二十九次会议审议通过了《中华人民共和国就业促进法》，该法自 2008 年 1 月 1 日起施行。

二、主要内容

《中华人民共和国就业促进法》共 9 章 69 条，主要包括政策支持、公平就业、就业服务和管理、职业教育和培训、就业援助、监督检查、法律责任等方面的内容。

（一）劳动者自主择业，市场调节就业、政府促进就业

“劳动者自主择业”，即倡导劳动者树立正确的就业观念，充分调动劳动者就业的主动性和能动性，促进他们发挥就业潜能和提高职业技能，依靠自身努力，自谋职业和自主创业，尽快实现就业。“市场调节就业”，即充分发挥人力资源市场在促进就业中的基础性作用，实现劳动者和用人单位供求双方相互选择，调节劳动力的供求，引导劳动者合理流动和就业。“政府促进就业”，即充分发挥政府在促进就业中的重要职责，采取有效措施，增加就业岗位，提高劳动者就业能力，提供就业服务，实现就业增长。

在就业促进法中明确这一方针，主要是强调市场经济条件下，促进就业工作需要做到“三结合”。不仅充分发挥市场机制的作用，并且注重调动劳动者的积极性和主动性，更需要政府承担创造就业条件、扩大就业机会、改善就业环境、提供就业扶助等义不容辞的重要职责。同时，在当前市场机制不健全、劳动者能动性不充分的情况下，政府要承担更多的培育完善市场机制、规范市场行为的责任；要加大鼓励支持劳动者自主择业和企业增加就业岗位的力度。

（二）公平就业

实行公平就业，反对就业歧视，保障劳动者的平等就业权利，既是促进就业工作的一项重要原则，也是社会关注的一个重要问题。为此，法律单设“公平就业”一章，明确规定，劳动者就业，不因民族、种族、性别、宗教信仰等不同而受歧视；规定残疾人、传染病病原携

带者和进城就业的农村劳动者等群体享有与其他劳动者平等的劳动权利。要求用人单位招用人员、职业中介机构从事职业中介活动，应当向劳动者提供平等的就业机会和公平的就业条件，不得实施就业歧视。违反规定实施就业歧视的，劳动者可以向人民法院提起诉讼。这些规定将劳动法防止就业歧视的有关规定进一步具体化，为解决当前存在的就业歧视突出问题，提供了有力的法律保障。

（三）政府在促进就业中承担的责任

法律对政府在促进就业中承担的重要职责作出了明确规定，主要包括六个方面，即：发展经济和调整产业结构增加就业岗位、制定实施积极的就业政策、规范人力资源市场、完善就业服务、加强职业教育和培训、提供就业援助。

1．发展经济和调整产业结构增加就业岗位

解决好经济发展、结构调整和扩大就业、减少失业的关系，是政府促进就业的首要责任。法律规定县级以上人民政府把扩大就业作为经济和社会发展的重要目标和重要职责，通过发展经济和调整产业结构，统筹产业政策和就业政策，鼓励发展劳动密集型产业、服务业，扶持中小企业，鼓励、支持、引导非公有制经济发展，扩大就业，增加就业岗位。

2．制定实施积极的就业政策

制定符合国情的、系统的、积极的政策并付之实施，是政府促进就业和治理失业的主要行为体现。法律专设“政策支持”一章，确立了国家实行有利于促进就业的产业、财政、税收、金融、投资、贸易等各方面政策，要求实行统筹城乡、区域和不同就业群体的就业政策，要求对失业进行预防、调节和控制。

3．规范人力资源市场

规范市场行为，是市场就业机制实行过程中的政府必然行为。“人力资源市场”是全国人民代表大会法律委员会协调各方面意见后确定的表述，是对现有的劳动力市场、人才市场、毕业生就业市场等各类市场的总概括。法律明确规定，县级以上人民政府培育和完善统一开放、竞争有序的人力资源市场，加强人力资源市场信息网络及相关设施建设，建立健全市场信息服务体系，完善市场信息发布制度，为劳动者就业提供服务。

人力资源市场发展的目标是：统一、开放、竞争、有序。统一：打破城乡分割、部门分割局面；开放：消除身份、户籍等造成的劳动力流动的障碍；竞争：建立公平的市场环境，对市场主体消除歧视，使其平等竞争；有序：健全市场管理各项制度，强化监督，确保市场规范运行。

4．完善就业服务

法律在“就业服务和管理”一章，对完善社会就业服务特别是加强公共就业服务作了明确规定。规定县级以上人民政府建立健全公共就业服务体系，设立公共就业服务机构，为劳动者免费提供就业服务，包括就业政策法规咨询，职业供求信息、市场工资指导价位信息和职业培训信息发布，职业指导和职业介绍，对就业困难人员实施就业援助，办理就业登记、失业登记以及其他公共就业服务。公共就业服务是政府公共服务的重要内容。发展公共就业服务是政府的重要职责，对促进劳动力供求均衡、建立灵活有效的人力资源市场，促进求职人员，特别是帮助就业困难群体就业具有重要作用。针对目前存在的问题，《中华人民共和国就业促进法》在明确公共就业服务职责的同时，还规定公共就业服务经费纳入同级财政预算，从而明确了公共就业服务机构的经费保障。为了区别经营性服务，还规定公共就业服务机构不得从事经营性活动；地方各级人民政府和有关部门、公共就业服务机构举办的招聘会，不得向劳动者收取费用。

5．加强职业教育和培训

法律专设“职业教育和培训”一章，明确规定国家鼓励开展职业培训，促进劳动者提高职业技能；县级以上人民政府制定并实施以就业为导向的职业能力开发计划，加强统筹协调，鼓励和支持各类培训机构和用人单位依法开展职业培训，鼓励和指导企业加强职工职业培训；企业应当按照国家规定提取职工教育经费，等等。

6．提供就业援助

法律专设“就业援助”一章，明确规定，各级人民政府建立健全就业援助制度，采取各种有效措施，对就业困难人员实行优先扶持和重点帮助；拓宽公益性岗位范围，确保城市中有就业需求的家庭至少有一人实现就业。同时，规定了就业援助的对象范围、主要措施以及对就业压力大的特定地区实施就业扶持等内容。

（四）就业工作制度化，使就业工作纳入法制化轨道

从大的方面来讲，主要包括五个方面，即加强对就业工作组织领导的政府责任制度，加强对劳动者工作的公共就业服务和就业援助制度，加强对市场行为规范的人力资源市场管理制度，加强对人力资源素质提升的职业能力开发制度和加强对失业治理的失业保险及预防制度。

1．加强对就业工作组织领导的政府责任制度

包括目标责任和考核检查制度，列入经济社会发展规划，建立促进就业工作协调机制。这项制度是政府确立就业工作地位，切实履行职责的重要保证，不仅将政府和有关部门建立促进就业目标责任制度

通过法律形式固定下来，而且还充分肯定了当前就业工作联席会议制度的重要作用，并对进一步完善这一制度提出了明确要求，确保对就业工作的齐抓共管持续有效。

2．加强对劳动者工作的公共就业服务和就业援助制度

包括公共就业服务体系，困难群体和困难地区的就业援助。这项制度是政府履行公共服务职能的重要体现。这样规定，既从根本上解决了目前公共就业服务工作中的短缺和不足，使公共就业服务的发展有了制度保障，也将有力促进公共就业服务规范化，促进就业援助工作常规化和制度化。

3．加强对市场行为规范的人力资源市场管理制度

包括培育和完善统一开放竞争有序的人力资源市场，覆盖城乡的就业服务体系，职业中介管理规范，劳动力调查统计制度和就业登记、失业登记制度。这一制度是市场就业的基础。这样规定，对于打破市场分割、积极推进一体化市场建设、实现市场规范运行、有效促进市场就业具有重要意义。

4．加强对人力资源素质提升的职业能力开发制度

包括职业能力开发计划，城乡各类劳动者培训制度，劳动预备制度，职业资格证书制度，培训补贴制度。这一制度是提高劳动者就业能力和创业能力的重要手段。这样规定，进一步明确了职业培训的方向和任务，并使人力资源开发和促进就业有机结合有了坚强的制度保证。

5．加强对失业治理的失业保险及预防制度

包括失业预警，失业预防和调控，失业保险。这一制度是治理失业的重要保证。这样规定，对于有效发挥失业保险促进就业作用，对于加强政府宏观调控，稳定就业局势，维护社会稳定，提供了有力的法律保障。

（五）积极有效的就业政策

《中华人民共和国就业促进法》将经过实践检验过的行之有效的积极的就业政策上升为法律规范，主要从是十个方面进行了规定，即有利于促进就业的经济发展政策、财政保证政策、税收优惠政策、金融支持政策、城乡统筹、区域统筹、群体统筹的就业政策，以及支持灵活就业、援助困难群体就业的政策，还有失业保险促进就业的政策。

1．有利于促进就业的经济发展政策

法律规定县级以上政府统筹协调产业政策与就业政策，通过鼓励发展劳动密集型产业、服务业，扶持中小企业，鼓励、支持、引导非公有制经济发展，增加就业岗位。发展国内外贸易和国际经济合作，发挥投资和重大建设项目带动就业的作用，拓宽就业渠道。这样规定，旨在通过做好经济发展和促进就业政策的协调，最终达到正确处理发展经济和扩大就业的关系，实现发展经济和扩大就业的良性互动。

2．有利于促进就业的财政保证政策

法律规定国家加大资金投入，县级以上人民政府在财政预算中安排就业专项资金用于促进就业工作，以及就业专项资金的具体用途。同时规定，审计机关、财政部门应当依法对就业专项资金的管理和使用情况进行监督检查。促进就业是政府的重要职责，也是公共财政投入的重要方向。这样规定，有利于保证各级政府对就业工作的财政投入，建立起政府财政投入的保障机制；同时，有利于规范就业资金的使用和管理，进一步发挥资金效益。

3．有利于促进就业的税收优惠政策

法律规定国家鼓励企业增加就业岗位，扶持失业人员和残疾人就业，对符合法定条件的企业和人员依法给予税收优惠，并对从事个体经营的失业人员和残疾人免除行政事业性收费。税收优惠政策是促进就业政策中最有效的重要手段之一。这样规定，不仅使目前税收优惠政策通过法律形式固定下来，而且在适用范围和适用对象方面都有所扩展，有利于使税收优惠政策对促进就业发挥应有的作用。

4．有利于促进就业的金融支持政策

法律规定增加中小企业的融资渠道；鼓励金融机构改进金融服务，加大对中小企业的信贷支持，并对自主创业人员在一定期限内给予小额信贷等扶持。加大金融信贷支持，是促进中小企业发展和劳动者自主创业的关键。这样规定，使金融支持常规化、普惠化，有利于促进中小企业发展更多吸纳就业，有利于发挥劳动者自主创业带动就业的倍增效应。

5．城乡统筹的就业政策

法律规定国家建立健全城乡劳动者平等就业的制度，引导农业富余劳动力有序转移就业。实现城乡统筹就业是缩小直至消除劳动者城乡就业差别，实现平等就业的基础性内容，对于改善城乡二元经济结构、促进城乡统筹发展具有重要意义。这样规定，将目前国家促进城乡劳动者平等就业、引导农业富余劳动力有序转移等政策通过法律形式固定下来，可以有效推动政策实施，更能够使农村劳动力转移的整个过程得到法律保障。

6．区域统筹的就业政策

法律规定国家支持区域经济发展，鼓励区域协作，统筹协调不同地区就业的均衡增长；支持民族地区发展经济，扩大就业。实现区域统筹就业是促进我国不同区域就业均衡增长和区域经济协调发展的重要方面。这样规定，将进一步规范国家在统筹协调不同地区就业方面应担负的责任，有效实现区域和民族的就业均衡。

7．群体统筹的就业政策

法律规定各级人民政府统筹做好城镇新增劳动力、农业富余劳动力转移就业和失业人员就业工作。统筹促进城乡各类群体劳动者就业，是各级人民政府的重要职责。这样规定，有利于进一步明确政府职责，根据各个群体不同时期的不同情况进行就业的统筹安排。

8．有利于灵活就业的劳动和社会保险政策

法律规定各级人民政府采取措施，逐步完善和实施与非全日制用工等灵活就业相适应的劳动和社会保险政策，为灵活就业人员提供帮助和服务。灵活就业已成为促进就业的重要途径，本法针对当前灵活就业工作中劳动关系不稳定、社会保障制度不健全等薄弱环节，作出相应的保护规定，有利于促进灵活就业规范健康发展。

9．援助困难群体的就业政策

法律规定国家建立健全就业援助制度，对就业困难人员给予扶持和帮助。对困难群体实施就业援助，是保障公民实现劳动就业权，维护和改善劳动者生存状况，促进社会公平和和谐的基本要求。本法将有关扶持政策形成长期的制度性的安排，也给就业困难人员吃了“定心丸”。同时，本法还规定就业困难人员的范围由省级人民政府根据本行政区域的实际情况规定，从而使各地能够从实际出发解决就业困难人员问题，更有利于充分发挥援助政策效应。

10．实行失业保险促进就业政策

明确规定失业保险制度保障基本生活和促进就业的功能，并要求加强对大规模失业的预防、调节和控制。

三、典型案例

案例 1：著名高校某毕业生因是乙肝病毒携带者，于 2007 年 4 月中旬接到北京某通讯技术有限公司部门经理拒用的电话，该公司人事部的一个员工说没有体检表不能签订劳动合同。5月30日该毕业生去北京佳境健康体检中心体检。6月1日的体检结果是乙肝五项中有HBsAg，HBeAb，HBcAb，三项呈阳性反应，胸透正常。6月4日，该毕业生带齐了薪资证明和体检表，到某通讯技术有限公司正式报到，但被人事部门经理以总部有规定为由拒绝了。

案例2：2002年10月25日，张先生进入箭牌糖果（中国）有限公司从事送货工作。2004年6月，箭牌口香糖有限公司将其转入北京多企企业管理顾问有限公司名下，由该公司与他签订劳动合同。2007年8月，公司要求体检，体检后发现张先生是乙肝病毒携带者，随后被公司解除了劳动合同。

【案件评析】

本案适用《中华人民共和国就业促进法》关于用人单位不得以传染病病毒携带者为由拒绝录用的规定。在国家法律有明确规定的情况下，用人单位不能以是乙肝病毒携带者为由剥夺劳动者的就业权。这类案件关系到人数众多的乙肝病毒携带者的平等就业权，也关系到我国就业促进法的落实和遵守的问题。由于就业促进法规定了对乙肝病毒携带者就业权的保护，使得众多的乙肝病毒携带者感觉到了改变现状的希望。就业促进法明确规定，“用人单位招用人员，不得以是传染病病原携带者为由拒绝录用”。而且，与之配套实施的《劳动就业服务与就业管理规定》也明确规定用人单位不得强行进行乙肝体检，使以前因受就业歧视选择忍气吞声的劳动者获得法律救济的保障。

☆《中华人民共和国职业病防治法》重点知识解读

一、立法背景

职业病是严重危害劳动者健康的疾病。各种形式的职业危害日趋严重，职业病发病率呈上升趋势。随着各种新材料、新工艺技术的引进和使用，出现了一些过去未曾见过或者很少发生的严重职业中毒。不采取有效防治措施，将有大批职业病病人出现。因粉尘、放射污染和有毒、有害作业导致劳动者患职业病死亡、致残、部分丧失劳动能力的人数不断增加，其危害程度远远高于生产安全事故和交通事故。许多职业病除损害劳动者的劳动能力外，其治疗和康复费用昂贵，给劳动者、用人单位和国家造成严重经济负担。为了预防、控制和消除职业危害、防治职业病、保护劳动者健康、加强职业病防治，2001 年 10 月 27 日第九届全国人民代表大会常务委员会第二十四次会议审议通过了《中华人民共和国职业病防治法》。

《职业病防治法》自 2002 年 5 月 1 日正式施行。该法对职业病的预防、治疗和职业病待遇保障各环节作了规范：在项目建设阶段，规定了职业病危害预评价制度和职业卫生防护设施“三同时”制度；在劳动过程的职业病防护方面，规定了用人单位的一系列义务，如应当如实告知劳动者所从事岗位的职业病危害，定期检测工作场所的危害因素并向监管部门报告检测结果，采用有效的职业病防护设施并为劳动者提供个人使用的职业病防护用品，组织劳动者进行健康检查并为其建立职业健康监护档案，等等；在职业病诊断治疗方面，规定诊断须由三名以上执业医师集体作出，明确了职业病诊断应综合考虑的因素及原则等，并授权卫生部制定具体的职业病诊断、鉴定管理办法；在职业病待遇保障方面，明确职业病病人的诊疗、康复费用及相关社会保障按照工伤社会保险的规定执行，同时考虑到劳动者频繁变动用人单位等实际情况，还规定了用人单位在发生分立、合并、解散、破产等情形时应妥善处理职业病病人的义务，以及最后用人单位与先前用人单位的责任划分。应当说，职业病防治法规定的各项制度，特别是职业病预防和职业病待遇保障制度，总体是科学、可行的。该法施行九年来，对遏制职业病高发势头确实起到了积极作用。

但是，目前我国的职业病防治工作形势总体还比较严峻；与职业病相关的事件时有发生，在社会上产生了不好的影响，个别的还演变成了群体性事件。这些事件暴露出部分用人单位不履行法定的职业病预防义务，职业病诊断难，职业病待遇、主要是“老工伤”待遇落实难等问题还比较突出。关于用人单位不履行职业病预防义务问题，主要是由于法律执行不严格和不到位，应当通过加大执法力度、严格依法监管加以解决；同时，监管体制不顺也是原因之一。2010 年 10 月 8 日，中央编办公布了《关于职业卫生监管部门职责分工的通知》（中央编办发〔2010〕104 号），明确了国家一级的职业卫生监管体制，监管体制问题正在逐步解决。关于职业病待遇问题，2010 年 12 月 20 日，国务院修订了《工伤保险条例》，职业病病人可以享受的待遇得到进一步提高；2011 年 1 月 12 日，国务院常务会议又专门研究了“老工伤”问题，明确分阶段将“老工伤”纳入工伤保险统筹管理。至此，职业病预防、待遇问题都有了比较完善的制度性安排；而职业病诊断问题则凸显为职业病防治工作相对薄弱的环节。进一步完善的职业病诊断制度既可以为劳动者顺利、便捷地进行职业病诊断，尽快落实职业病待遇提供法律保障，也可以通过合理分配职业病诊断过程中的各方义务来有效引导甚至倒逼用人单位依法落实各项职业病预防措施，从而真正实现“预防为主、防治结合”的职业病防治工作方针。为此，有必要对现行职业病防治法特别是职业病诊断制度作出修改和完善。

2010年3月，卫生部向国务院报送了《职业病防治法（修正案草案）（送审稿）》。收到送审稿后，法制办先后三次大范围征求意见，并于2010年11月5日至11月19日就有关职业病诊断鉴定制度的条文向全社会公开征求意见；赴地方调研；召开专家会和部门协调会；走访全国人大常委会法工委、中央编办、高法院、全国总工会等有关单位，汇报工作情况和难点问题，听取他们的意见；会同卫生部、中国疾病预防控制中心，对全国的职业病诊断机构进行问卷调查，在北京、河北等六省市采用现场访谈的方式进行专项调查。审查过程中，法制办会同卫生部、安全监管总局、人力资源社会保障部，综合各方面情况对送审稿作了多次修改，就主要制度先后拟定了四个方案，最后在深入研究、不断讨论、反复协商的基础上，形成了《职业病防治法修正案（草案）》（以下简称草案）。全国人大常委会依法进行审议，2011年12月31日通过了《关于修改〈中华人民共和国职业病防治法〉的决定》。

此次修订，主要把握了以下三点：一是进一步强化用人单位在职业病诊断中的责任，通过具体制度倒逼用人单位自觉履行提供职业病诊断所需资料进而落实预防措施的义务。二是按照方便劳动者、简化程序的总体要求，区别情况，运用劳动仲裁、行政判定等方式解决职业病诊断所需资料的争议问题。三是通过制度设置向保护劳动者权益倾斜，有针对性地解决劳动者在职业病诊断中可能遇到的困难。

二、主要内容

《职业病防治法》共7章90条，主要包括前期预防、劳动过程中的防护与管理、职业病诊断与职业病病人保障、监督检查、法律责任等方面的内容。

（一）本法的适用范围

由于产生职业危害的因素种类很多，导致职业病的范围较广，职业病的类别较多，不同类别的职业病对劳动者产生的危害差异较大，对各类职业病的防治也不同，根据我国的经济发展水平，并参考国际通行做法，严格控制对劳动者身体健康危害最大的几类职业病的发生。因此，《职业病防治法》的调整范围限定于接触粉尘、放射线和其他有毒、有害物质等职业危害因素而引起的职业病。职业病的分类和目录由行政部门规定、调整并公布。

（二）前期预防

《职业病防治法》在总结我国 20 世纪 50 年代初期以来所作规定执行经验的基础上，借鉴国际上的通行做法，对可能产生职业危害的新建、改建、扩建项目和技术改造、技术引进项目的“源头”实施管理，在建设项目可行性论证阶段，对职业危害因素、工作场所进行职业危害预评价；职业卫生防护设施应当与主体工程配套使用；避免不符合职业卫生要求的项目走先危害后治理的老路，从源头、从根本上控制或者消除职业危害。

（三）劳动过程中的防护与管理

用人单位是防治职业病的关键，应当采取有效防治措施建立、健全有关制度保护劳动者健康，加强对主要职业危害因素所致职业病的预防和控制，对特殊职业工作场所实行有别于一般工作场所的管理。及时掌握本单位职业危害因素及职业卫生状况并及时采取措施保护劳动者健康；通过对产生职业危害的设备、原材料提供警示标识和中文警示说明，提高劳动者防范意识。《职业病防治法》对转移产生职业危害作业作规定，明确规定产生职业危害的用人单位应当在合同中写明可能存在的职业危害危险，应当告知职业危害、职业卫生防护措施和待遇、劳动者应当享有的职业卫生保护的权利及履行的义务；做到早发现、早诊断、早治疗职业性健康损害和职业病病人。应当为劳动者建立职业健康监护档案并记载劳动者健康状况、指导劳动者选择职业、明确劳动者的职业史和职业危害接触史，并按照规定期限妥善保存。

（四）职业病的诊断管理

职业病诊断属于医疗活动，具有较强的技术性，对承担职业病诊断的机构应有特殊要求。因此要明确职业病诊断机构条件及其诊断范围。为了保护劳动者的权益、方便流动性较大劳动者进行职业病诊断赋予职业病诊断选择权。为保证劳动者的合法权益得到有效维护，对职业病诊断程序和主体进行严格规范管理。

（五）对职业病病人的治疗与保障

对从事接触职业危害因素作业的劳动者发现患有职业病或者有疑似职业病的，必须及时诊断、治疗，妥善安置。强化用人单位职责，如用人单位应当如实提供职业病诊断、鉴定所需的劳动者职业史和职业病危害接触史、工作场所职业病危害因素检测结果等资料。用人单位应当保障职业病病人依法享受国家规定的职业病待遇。用人单位应当按照国家有关规定，安排职业病病人进行治疗、康复和定期检查。用人单位对不适宜继续从事原工作的职业病病人，应当调离原岗位，并妥善安置。

三、修法亮点

全国人大常委会经过三次审议，于 2011 年 12 月 31 日通过了职业病防治法的修订。其修改亮点主要有：

（一）消除职业病诊断的受理门槛。

一方面明确了职业病诊断机构应当具备的条件，使符合条件的医疗卫生机构都可以取得职业病诊断机构资质，增加劳动者自主选择诊断机构的机会；另一方面规定了职业病诊断机构不得拒绝劳动者进行职业病诊断的要求。

（二）简化劳动仲裁程序，使制度设置向保护劳动者权益倾斜。

依照劳动争议调解仲裁法，解决涉及劳动关系等事项的争议须进行劳动仲裁。实践中，职业病诊断也已经引入劳动仲裁机制。但是，根据该法规定，劳动争议仲裁委员会可以决定是否受理仲裁申请；法定的审理期限为 45 日，案情复杂的还可以延长 15 日；当事人对仲裁裁决不服的，可以在 15 日内提起诉讼。为保证职业病诊断工作顺利开展，切实保护劳动者权益，对职业病诊断中提出的劳动仲裁规定了特殊的程序要求：1．在确认劳动者职业史、职业病危害接触史时，当事人对劳动关系、工种、工作岗位或者在岗时间有争议的，可以向当地的劳动人事争议仲裁委员会申请仲裁；接到申请的劳动人事争议仲裁委员会应当受理。2．劳动仲裁机构应当在 30 日内作出裁决。3．仲裁过程中，劳动者无法提供由用人单位掌握管理的与仲裁主张有关的证据的，仲裁庭应当要求用人单位在指定期限内提供；用人单位在指定期限内不提供的，应当承担不利后果。4．用人单位对仲裁裁决不服的，可以在职业病诊断、鉴定程序结束之日起15日内依法向人民法院提起诉讼；诉讼期间，劳动者的治疗费用按照职业病待遇规定的途径支付。

（三）强化监管部门职责

监管部门在特定情况下对有争议资料应当作出判定。劳动者对用人单位提供的工作场所职业病危害因素检测结果等资料有异议，或者因劳动者的用人单位解散、破产，无用人单位提供上述资料的，诊断、鉴定机构应当提请安全生产监督管理部门进行调查，安全生产监督管理部门应当自接到申请之日起三十日内对存在异议的资料或者工作场所职业病危害因素情况作出判定；有关部门应当配合。

（四）明确诊断机构在法定情形下应当参考劳动者的自述作出职业病诊断结论。

一方面规定，用人单位应当如实提供职业病诊断、鉴定所需的劳动者职业史和职业病危害接触史、工作场所职业病危害因素检测结果等资料；并对用人单位隐瞒、损毁与职业病诊断相关资料或者不依法提供上述资料的行为设定了严格的法律责任；另一方面规定，在职业病诊断过程中，用人单位不提供工作场所职业病危害因素检测结果等资料的，诊断、鉴定机构应当结合劳动者的临床表现、辅助检查结果和劳动者的职业史、职业病危害接触史，并参考劳动者的自述、安全生产监督管理部门提供的日常监督检查信息等，作出职业病诊断、鉴定结论。

此外，为完善职业病防治法律制度，还规定职业病防治工作要建立用人单位负责、行政机关监管、行业协会规范、职工群众和社会监督的机制；为进一步发挥工会组织作用，规定了工会组织依法对职业病防治工作进行监督，维护劳动者的合法权益等。

四、典型案例

重庆市垫江西山煤炭有限责任公司系原垫江县西山煤矿，于1998年改制成立。肖甲于1977年2月至1993年1月在原垫江县西山煤矿从事井下采煤掘进工作。肖甲在1993年1月离开采煤掘进工作岗位前，未进行体检和无健康档案。嗣后，肖甲曾从事过酿酒、照看工地、务农、帮厨等职业。2007年1月22日，肖甲经重庆市疾病预防控制中心诊断为二期尘肺（II），《职业病诊断证明书》载明肖甲工作单位是垫江县西山煤矿。2007年2月7日，肖甲之子肖乙向垫江县劳动和社会保障局递交工伤认定申请表。于2007年6月11日递交工伤认定申请书，垫江县劳动和社会保障局于同日受理后依法发出工伤认定举证通知书，并于2007年8月1日作出（垫劳社伤险认决字［2007］86号）工伤认定决定，认定肖甲二期尘肺（II）职业病属工伤。

【案件评析】

本案涉及《职业病防治法》第2条规定的职业病应具备四个条件：患病主体是企业、事业单位或个体经济组织的劳动者；时间必须是在从事职业活动的过程中产生的；致病因素必须是因接触粉尘、放射性物质和其他有毒、有害物质等职业病危害因素引起的；病患范围必须是国家公布的职业病分类和目录所列的职业病。

尘肺病是国家公布的职业病分类和目录所列的职业病，主要依次分布在煤炭、有色、机械、建材、轻工等工业行业中，系长期吸入大量游离二氧化硅与其他粉尘所致，具有迟发性特点。肖甲于1977年2月至1993年1月在原垫江县西山煤矿从事井下采煤掘进工作长达16年，所患尘肺病与长期从事井下采煤掘进职业接触粉尘有关。肖甲曾从事过的酿酒、照看工地、务农、帮厨等职业，不是导致法定的职业病尘肺病的职业原因。因此，垫江县劳动和社会保障局以重庆市疾病预防控制中心出具的二期尘肺《职业病诊断证明书》上记载的用工主体来认定肖甲患职业病系重庆市垫江西山煤炭有限责任公司单位所致，并作出工伤认定结论。

☆《中华人民共和国安全生产法》重点知识解读

一、立法背景

安全生产事关人民群众生命财产安全、国民经济持续快速健康发展和社会稳定大局。随着社会经济活动日趋活跃、复杂，经济成分、组织形式日益多样化，生产经营单位中国有企业、股份企业、私营企业、外商投资企业、个体工商户并存。我国安全生产形势严峻，重大、特大生产安全事故时有发生，安全生产管理的责任不够明确，安全生产管理的法律、法规不够完善，一些地方和企业安全生产管理松驰、混乱的状况已引起社会的广泛关注。根据我国安全生产的实际情况、国家安全生产监督管理体制的调整以及加强安全生产监督管理的需要，加大对违法犯罪行为的处罚力度，防止和减少生产安全事故的发生，保障人民群众生命财产安全，便成为迫切需要。

为了加强安全生产监督管理，防止和减少生产安全事故，保障人民群众生命和财产安全，促进经济发展，2002 年 6 月 29 日第九届全国人民代表大会常务委员会第二十八次会议审议通过了《中华人民共和国安全生产法》，2009 年 8 月 27 日第十一届全国人民代表大会常务委员会第十次会议对该法进行了修订完善。

二、主要内容

《中华人民共和国安全生产法》共 7 章 97 条，主要包括生产经营单位的安全生产保障、从业人员的权利和义务、安全生产的监督管理、生产安全事故的应急救援与调查处理、法律责任等方面的内容。

（一）适用范围

安全生产所涉行业多，范围宽。《中华人民共和国安全生产法》的适用范围主要限定在我国领域内从事生产经营活动的单位的安全生产；由于有关法律、行政法规已分别对消防安全、道路交通安全、铁路交通安全、民用航空安全和水上交通安全作了比较全面的规定，因而不将其纳入调整范围。工矿、商贸、服务企业等在固定场所从事生产经营活动的单位的安全生产及监督管理为本法的适用范围。考虑到从事采矿、建筑等在固定场所从事生产经营活动的单位的安全生产需要法律、行政法规对其行业标准、技术标准、行为准则的要求比较具体，安全生产法不再重复规定，未作规定的，适用其他有关法律、行政法规的规定。

（二）安全生产管理制度

安全生产重在防患于未然。市场经济条件下企业是实行自主生产和经营的，按照管人与管物相结合、标本兼治、从源头上消除安全隐患的精神，以企业为主要对象，以制度建设为核心，在安全生产各方面和各环节确立企业必须遵守的行为规则；严格规范生产经营单位的安全生产管理行为及责任。强化安全生产责任和意识，明确安全生产工作主要负责人责任制。要求生产经营单位必须为消除安全生产事故隐患安排相关经费、完善相关条件、配备相关用品、进行相关培训等。本法规定从事矿山开采、建筑施工和危险物品生产、经营、储存活动的生产经营等单位必须完善安全生产管理制度，根据生产经营特点进行经常性检查。对从业人员包括转岗人员进行安全生产教育和培训，提供必要的安全生产知识和安全操作技能，上岗作业需取得特种作业资格。新建、改建、扩建工程项目的安全设施应当与主体工程同步投入生产和使用。安全设施应当符合国家标准，须进行经常性维护、保养、定期检测，以保证正常运转。须在有危险因素的生产经营场所、设施上设备设置明显安全警示标志，从业人员须了解、执行安全生产规章制度和安全操作规程、防范措施以及事故应急措施。对特种设备、危险物品的容器、运输工具须取得安全使用证或者安全标志方可投入使用，相关生产、经营、运输、储存、使用、处置、废弃须依法审批并实施监管，采用法律、法规和国家标准的安全措施。对重大危险源须登记建档，定期检测、评估、监控，并制定应急预案和准备应急措施。

（三）生产安全事故的应急救援与调查处理

生产安全事故发生后的应急救援与调查处理，对于最大限度地减少和降低损失，保护人民群众的生命和财产安全，实行严格的责任追究制度，也是至关重要的。必须组织有关部门制定本地区特大生产安全事故应急救援预案，建立应急救援体系，包括：建立应急救援组织、落实应急救援人员、配备相应的器材和设备。有关人员必须立即报告、迅速采取措施、防止事故扩大、减少人员伤亡和财产损失；任何单位和个人都应当支持、配合事故抢救，并提供一切便利条件。

（四）事故损害的赔偿责任

为防止事故发生后采取不正当方式逃避赔偿责任，并从经济上强化对企业安全生产管理的约束，安全生产法规定发生安全生产事故，造成人员伤亡、财产损失的，必须依法承担赔偿责任。规定承担安全评价、认证、检测、检验工作的中介机构出具虚假证明的须依法承担连带责任。

（五）安全生产的监督管理

在社会主义市场经济条件下，加强对企业安全生产的监督管理，创造良好的生产、生活环境，关系人民群众生命、财产安全，是政府及其部门的一项重要职责；规范、约束企业安全生产行为，乃杜绝生产安全事故发生的重要保证。

县级以上地方各级人民政府及相关部门依法履行安全生产监督管理职责，对安全生产监督管理、安全生产状况进行严格检查，发现问题及时处理，对涉及安全生产事项需要审批的，必须严格依法进行审批；对未依法取得批准的应当立案依法查处。

安全生产法赋予安全监督检查人员必要的职权，有权当场予以纠正或者要求限期改正、作出行政处罚决定、责令立即排除、暂时停产停业或者停止使用等。

☆《中华人民共和国矿山安全法》重点知识解读

一、立法背景

采矿工业是国民经济的基础产业，它的发展有力地促进了国民经济建设。由于采矿业是一个特殊行业，生产作业场所劳动条件较其他行业差，危险性大，影响矿工安全与健康的因素多。我国矿山的安全状况相对落后，矿山伤亡事故给矿工及其家属、国家和人民造成痛苦与经济损失，带来许多社会问题，影响采矿工业的发展，国务院于1982年发布了《矿山安全条例》和《矿山安全监察条例》。随着各种经济形式采矿业兴起的需要，为加强矿山安全工作，保障矿工的安全与健康，促进采矿业的健康发展，以适应改革开放和社会主义现代化建设的要求，制定矿山安全法是十分必要的。

1987年3月，国务院领导批准成立矿山安全法起草领导小组，在广泛收集和研究国内外有关资料，总结贯彻执行《矿山安全条例》、《矿山安全监察条例》等基础上形成《中华人民共和国矿山安全生产法（草案)》，1992年11月7日第七届全国人民代表大会常务委员会第二十八次会议审议通过了《中华人民共和国矿山安全法》。2009年8月27日第十一届全国人民代表大会常务委员会第十次会议对该法进行了修订完善。

《中华人民共和国矿山安全法》的颁布实施，为保障矿山生产安全，防止矿山事故，保护矿山职工人身安全，促进采矿业的发展具有重大意义。

二、主要内容

《中华人民共和国矿山安全法》共8章50条，主要包括矿山建设、开采的安全保障、矿山企业的安全管理、矿山安全的监督和管理、矿山事故处理、法律责任等内容。

（一）矿山安全的监督机制

为做好矿山安全工作，减少和防止矿山事故，充分发挥劳动行政主管部门、矿山企业有关主管部门、矿山企业和工会以及广大矿山职工等各个方面的作用，矿山安全法赋予国务院劳动行政主管部门、县级以上地方各级人民政府相关部门对本行政区域内的矿山安全工作实施统一监督检查的职权、职责，采取有效技术措施和管理手段改善矿山企业的安全状况，保证矿山安全生产。同时规定了工会在维护矿山职工合法权益、促进矿山安全生产中的重要作用。

（二）矿山安全的建设要求

矿山开采必须具备保障安全生产的条件。矿山安全法对矿山建设和安全保障规定了基本要求，包括对矿山设计的要求，对矿山使用的特殊设备、器材、防护用品和安全检测仪器的要求，对矿山危害采取预防措施的要求等等。根据矿山种类、开采规模、开采方法规定矿山建设必须具备保障安全生产的条件，符合开采不同矿种、开采规模、开采方法的安全规程和安全技术规范要求。

（三）矿山的安全生产保障

随着改革开放的深化，矿山和矿点迅速分散发展遍及全国。针对分散矿山、矿点普遍存在劳动安全条件较差、矿山事故比较频繁的问题，必须加强管理，认真解决。投入生产的矿山企业，在设备、技术和人员素质上必须达到规定，加强安全管理，防止发生矿山事故，保障安全生产。

三、典型案例

2009 年 2 月 15 日，袁某与来宾市祥和矿业有限责任公司签订《能通石膏矿开采承包合同书》后承包开采能通石膏矿 1 井和 2 井。合同约定承包产量为每年 5 万吨，期限自 2009 年 2 月 15 日起至 2011 年 2 月 14 日止等。袁某通过介绍雇请何建发。来宾市祥和矿业有限责任公司和袁某均未对何建发进行上岗前的培训。来宾市祥和矿业有限责任公司制定有《关于加强井下采掘工作安全管理的规定》，但来宾市祥和矿业有限责任公司和袁某均未将上述文件发给何建发学习。2009 年 6 月 30 日，何建发与作业组组长王滋祥下井作业，由王滋祥开凿岩机钻孔打炮眼，何建发配合。王滋祥正在打炮眼时，何建发在凿岩机旁左侧用羊角锄撬动顶板红砂岩，致使一块长约 1.5 米、宽 0.7 米、厚 0.3 米的红砂岩跌落，红砂岩倒下时将何建发碰倒并压在其胯部。2010 年 1 月 5 日，何建发向法院起诉请求赔偿。

【案件评析】

本案涉及矿山安全法相关规定未落实的责任问题。由于来宾市祥和矿业有限责任公司及其承包人袁某未对何建发在井下生产前进行安全生产技能和知识教育培训，导致安全事故发生因而应承担责任。尽管何建发获得赔偿，但其也是应该深思的，做到安全生产不仅仅是生产单位的事情，更是关涉每一个劳动者自身安全、自身利益的事情。

☆《中华人民共和国工会法》重点知识解读

一、立法背景

依照1950年的《中华人民共和国工会法》建立的新中国工会组织，为巩固人民民主专政的政权，组织和教育广大职工在社会主义革命、建设中发挥主动性、积极性和创造性，维护广大职工的合法权益起到了重要作用。党的十一届三中全会以来，国家的政治、经济、社会情况都发生了巨大、深刻的变化，职工队伍也有了很大发展，新的历史时期必须全心全意依靠工人阶级，为充分发挥工人阶级国家主人翁地位的作用，总结工会工作经验，故有必要对工会法进行适当的修改。

全国总工会从1978年开始，经过充分调查研究，反复征求意见，起草修改草案，直到1992年4月3日第七届全国人民代表大会第五次会议审议通过《中华人民共和国工会法》。这部法律确定了工会在国家政治、经济和社会生活中的地位，规范了工会的权利和义务，对于工会依法开展活动，履行各项职能发挥了积极作用。

1992年工会法自颁布实施以来，由于社会主义市场经济的建立和完善，经济结构的战略性调整，公有制实现形式的多样化和非公有制经济的快速发展，经济关系和劳动关系发生了深刻变革。工会工作面临着一些新的、亟待解决的问题，需要根据新的形势，对工会法进行适当的修改，以加强工会组织的建设，维护广大职工的权益，建立健全和谐的劳动关系，充分发挥工人阶级的主人翁作用，维护社会稳定，促进改革与经济发展。因此2001年10月27日第九届全国人民代表大会常务委员会第二十四次会议对工会法进行了修正。

这次修改，主要是适应新的形势，总结实践经验，对新建企业工会的组建、企业职工和工会干部合法权益的保护、工会经费的收缴以及对侵犯工会合法权益行为的制裁作出一些补充性的规定，中心是突出和强化工会维护职工合法权益的职能。

2009 年 8 月 27 日第十一届全国人民代表大会常务委员会第十次会议对工会法进行了修订。

二、主要内容

《中华人民共和国工会法》共 7 章 57 条，主要包括工会组织、工会的权利和义务、基层工会组织、工会的经费和财产、法律责任等内容。

（一）工会的性质和任务

工人阶级是我国的领导阶级，全心全意依靠工人阶级是党的方针。工会是工人阶级的群众组织，是党和政府联系群众的桥梁和纽带，是我们社会主义国家政权的重要社会支柱。党和政府需要工会经常反映群众意见和要求，以帮助改进工作。工会教育引导职工自觉做到个人利益服从国家利益，局部利益服从整体利益，眼前利益服从长远利益。职工依法行使民主权利，发挥主人翁作用，通过多种形式和途径参与管理国家事务，管理经济和文化事业，管理社会事务；维护社会主义国家政权，在维护人民总体利益的同时维护职工的合法权益；组织职工参加本单位的民主管理和民主监督；动员职工以主人翁的态度对待劳动，遵守劳动纪律，提高政治思想、道德、科学、文化、技术和业务素质。工会工作重点在基层，面向基层职工群众，在劳动保护、安全生产、劳动保险、生活福利等方面帮助和支持职工维护合法权益。

（二）组织和参加工会的条件

在中国境内的企业、事业单位、机关中以工资收入为主要生活来源的体力劳动者和脑力劳动者，不分民族、种族、性别、职业、宗教信仰、教育程度，都有依法参加和组织工会的权利，任何组织和个人不得阻挠和限制。

入会的条件原则分了三个层次：

1．必须是在职的职工（即建立了劳动关系的职工）；

2．以固定工资收入为主要生活来源的职工；

3．体力劳动者和脑力劳动者。

上述要求体现了知识分子是工人阶级的一部分，体现了会员的广泛性与群众性，也体现了法律面前人人平等的原则。

（三）工会的组织原则

按照民主集中制原则建立统一的工会组织——中华全国总工会。各级工会会员大会或者会员代表大会按照民主集中制有权产生、撤换、监督、罢免其所选举的代表或者工会委员会组成人员。这一措施对维护工人阶级队伍的团结、统一职工的合法权益、实现工人阶级的历史使命具有重要的意义。

上级工会组织领导下级工会组织。基层工会、地方各级总工会、产业工会组织的建立，必须报上一级工会批准。

（四）基层工会组织

基层工会组织的工作，对于贯彻执行党的全心全意依靠工人阶级的方针，加强全民所有制、集体所有制企业事业单位的民主管理和民主监督，办好社会主义企业事业，保障职工的合法权益，具有重要的作用。做好基层工会工作，是整个工会建设的基础。基层工会组织应当组织职工参加企业、事业单位的民主管理和民主监督、维护职工的合法权益。关心职工的劳动保护和生活福利，反映职工的意见和要求。

（五）工会的权利和义务

工会的权利主要有：

1．监督权

企业单位违反职工代表大会制度和其他民主管理制度，工会有权要求纠正，保障职工依法行使民主管理的权利。法律法规规定应当提交职工大会或者职工代表大会审议、通过、决定的事项，企业、事业单位应当依法办理。

2．维护权

工会帮助、指导职工与企业以及实行企业化管理的事业单位签订劳动合同，工会代表职工与企业以及实行企业化管理的事业单位进行平等协商，签订集体合同，集体合同草案应当提交职工代表大会或者全体职工讨论通过。

3．审查权

企业单方面解除职工劳动合同应当事先将理由通知工会，工会认为企业违反法律法规和有关合同，要求重新研究处理时，企业应当研究工会的意见，并将处理结果书面通知工会。

4．调查权

工会有权对企业、事业单位侵犯职工合法权益的问题进行调查，有关单位应当予以协助。职工因工伤亡事故的处理，必须有工会参加，对工会提出的意见，应当及时研究给予答复。

5．劳动争议调解仲裁权

工会参加企业的劳动争议调解工作，地方劳动争议仲裁组应当有同级工会代表参加。

6．法律服务权

县级以上各级总工会可以为所属工会和职工提供法律服务。

工会提供的法律服务不是国家的法律援助，主要是指县级以上总工会有条件、也有必要培养、选拔和引进专门的法律人才，建立相应的机构，为工会和职工提供法律服务。

7．参与立法和参政议政权

国家机关在组织起草或者修改直接涉及职工切身利益的法律、法规、规章时应当听取工会的意见。

县级以上各级人民政府制定国民经济和社会发展计划，对涉及职工利益的重大问题，应当听取同级工会的意见。县级以上各级人民政府及其有关部门研究制定劳动就业、工资、劳动安全卫生、社会保险等涉及职工切身利益的政策、措施时应当吸收同级工会参加研究，听取工会意见。

8．协商权

各级人民政府劳动行政部门应当会同同级工会和企业方面代表，建立劳动关系三方协商机制，共同研究解决劳动关系方面的重大问题。

这是在市场经济条件下，我国首次在法律中明确规定建立劳动关系三方协商机制。它有利于各方面利益找到最佳结合点，维护各方利益，使政府的决策科学化，使劳动关系和谐稳定。

工会的义务主要有：

协助企业、事业单位，办好职工福利事业，做好工资、劳动安全和社会保险工作，会同企业组织职工开展群众性合理化建议、技术革新等活动以及其他文体活动。根据政府委托，工会与有关部门共同做好劳动模范和先进生产（工作）者的评选、表彰、培养和管理工作。

职工认为企业侵犯其劳动权益而申请劳动争议仲裁或者向人民法院提起诉讼的，工会应当给予支持和帮助。

（六）工会专职干部的设置和对工会干部的保护

国有企业中的工会干部属于国家干部，基本是专职的。随着现代企业制度的建立和完善，精简脱产人员，特别是各种非公有制经济迅速发展，情况发生了很大的变化。要求各种不同所有制企业一律设置专职的工会干部比较困难；另一方面，企业、事业单位中又需要保持一定数量的工会骨干分子，使他们有充分的时间和精力从事工会工作。基层工会干部维护职工合法权益，往往与企业行政方面发生矛盾，有些人还会受到打击报复。如以各种理由解除为职工维权的基层工会干部的劳动合同，或者将其调离原工作岗位，或者降低其工资待遇，还有的在工会干部劳动合同到期后以种种借口不续签合同。

因此，在保障工会维护职工利益的同时，也迫切需要保护工会干部的合法权益。工会法规定，“工会主席、副主席任期未满时，不得随意调动其工作。因工作需要调动时，应当征得本级工会委员会和上一级工会的同意。罢免工会主席、副主席必须召开会员大会或者会员代表大会讨论，非经会员大会全体会员或者会员代表大会全体代表过半数通过，不得罢免。”“基层工会专职主席、副主席或者委员自任职之日起，其劳动合同期限自动延长，延长期限相当于其任职期间；非专职主席、副主席或者委员自任职之日起，其尚未履行的劳动合同期限短于任期的，劳动合同期限自动延长至任期期满。”“违反本法规定，对依法履行职责的工会工作人员无正当理由调动工作岗位，进行打击报复的，由劳动行政部门责令改正、恢复原工作；造成损失的，给予赔偿。对依法履行职责的工会工作人员进行侮辱、诽谤或者进行人身伤害，构成犯罪的，依法追究刑事责任；尚未构成犯罪的，由公安机关依照治安管理处罚法的规定处罚。”

（七）工会经费

工会法规定，建立工会组织的全民所有制和集体所有制企业、事业单位、机关按全部职工工资总额的2%向本单位工会拨缴经费；建立工会组织的中外合资、合作企业以及外资企业依照国家有关规定向本企业工会拨缴经费。这笔经费是在企业所得税税前列支的。工会收缴的经费用于开展各项工会活动，其中60%留在企业工会，40%上缴上级工会调剂使用。现在遇到的问题是，工会经费收缴相当困难，尤其是非公有制企业，拖欠、拒缴工会会费的现象比较严重。

拖欠、拒缴工会会费的主要原因有：

第一，现行工会法对外商投资企业工会经费的拨缴规定得不具体，对私营企业则没有规定；

第二，法律对缴纳工会经费无强制性规定，对拖欠、拒缴工会经费的行为也没有规定相应的制约措施；

第三，部分国有企业亏损严重，依法拨缴工会经费有实际困难。

需要说明的是，从企业工资总额中拨缴2%的经费给工会，并允许从成本中列支，主要体现着国家财政对工会的扶助。《中外合资企业法实施细则》等行政法规和一些地方性法规对国有、集体企业以外的其他企业拨缴工会经费问题，已经作出与全民所有制企业相同的规定，各地也都是按照同一标准要求执行。因此，根据实际情况，修正案草案规定各种所有制企业以及事业单位、机关按照统一规定的标准拨缴会费，并规定了执行程序，“建立工会组织的企业、事业单位、机关按每月全部职工工资总额的百分之二向工会拨缴经费。”“企业、事业单位无正当理由拖延或者拒不拨缴工会经费，基层工会或者上级工会可以向当地人民法院申请支付令；拒不执行支付令的，工会可以依法申请人民法院强制执行。”

三、修法亮点

工会法于 1992 年 4 月 3 日经第七届全国人民代表大会第五次会议通过施行，并经 2001 年 10 月 27 日第九届全国人民代表大会常务委员会第二十四次会议《关于修改〈中华人民共和国工会法〉的决定》修正，根据 2009 年 8 月 27 日第十一届全国人民代表大会常务委员会第十次会议通过的《关于修改部分法律的决定》修订。与旧法相比，修改后的工会法具有四个新亮点。

亮点一：工会组织作用得到加强。

赋予中华全国总工会及其各级工会组织代表职工利益的身份，其依法维护职工的合法权益主体地位法律化，增强了工会组织对职工的凝聚力和吸引力，有利于工会组织的加强和发展。

亮点二：工会组织组成人员任期化。

强化工会组织的使命感和危机感，促进工会组织应依法为工会成员服务的意识，避免任期事实终身化，为工会组织输送新鲜血液提供了制度上的保障。

亮点三：从法律上解决了三资企业等工会组织缺失的问题。

在修改之前，在三资企业等非国有和集体所有制的企事业单位建立工会组织是灰色地带，导致事实上大量的这类企事业单位缺乏维护职工权益的组织。此次修改为改变这种现象提供了法律依据。

亮点四：增加了法律责任条文。

修正后的工会法增加“法律责任”一章作为第六章，针对打击报复依法行使职权的工会干部、阻挠职工依法组建工会或者阻挠上级工会帮助、指导职工筹建工会以及妨碍工会依法行使职权等违法行为，规定了行政、民事、刑事三种法律责任，同时对工会合法权益受侵犯的法律救济渠道作出了明确规定。

四、典型案例

2000年8月1日，洪如万与佛山市南海永和玩具制品有限公司建立劳动关系，任厂长助理，并签订劳动合同书，洪如万月工资为2200元。2000年9月23日，洪如万兼任佛山市南海永和玩具制品有限公司基层工会委员会组织委员。2005年6月24日，佛山市南海永和玩具制品有限公司基层工会委员会选举产生了新一届基层工会委员会（洪如万没有当选为该基层工会委员），并于2005年7月1日，经佛山市南海区大沥镇盐步办事处工会工作委员会同意。2005年6月30日，佛山市南海永和玩具制品有限公司以洪如万合同到期为由与洪如万解除劳动合同，并结清洪如万2005年6月份的工资。洪如万申请劳动争议仲裁，后来因不服仲裁裁决，就在法定期限内提起了诉讼。

【案件评析】

本案关于工会委员的争议问题。根据工会法第九条的规定可知，工会会员大会或者会员代表大会有权选举、罢免或监督其所选委员。

因此，本案中洪如万在2005年6月24日未被其所属基层工会选举为工会委员会成员是合法的。洪如万以在2000年9月23日才得到任命通知为理由认为工会委员的任职及免职应自接到任命或免职通知之日起算没有法律依据。工会法第十五条规定了工会委员会的任期为3年或5年，但并没有规定超过3年的任期就应为5年。故洪如万的工会委员的任期并不能自动延长至5年期满之日。洪如万在没有当选为新一届工会委员之后，佛山市南海永和玩具制品有限公司以劳动合同期满为由终止双方的劳动合同关系并没有违反法律的规定。

第四章　消费者权益保护

第一节　消费者权益保护的理念和基本原则

一、消费者权益保护的理念

（一）消费者主权

消费者主权是指消费者根据自己的意愿和偏好到市场上选购所需商品和服务，这样消费者的意愿和偏好等信息就通过市场传达给了生产者。于是生产者根据消费者的消费行为所反馈回来的信息来安排生产，提供消费者所需的商品和服务。

（二）可持续消费

可持续消费概念的前身是联合国环境规划署于 1989 年实施的“清洁生产”计划，该计划针对的是产品的提供方，它在国际消费者联会关于可持续消费的讨论中起着关键性作用。1992 年在国际消费者联会全球峰会中可持续消费作为重要的挑战问题被提出。

可持续消费就是多样性的消费，它更为有效，并出于经济的、节约的需要。在可持续消费的前提下，厂商提供服务以及相关的产品以满足消费者的基本需求，旨在提高生活质量，同时使自然资源和有毒材料的使用量最少，使服务或产品在使用过程中产生的废物和污染物最少，从而不危及后代需求。

二、消费者保护的基本原则

因为消费者权利通常具有的社会性、群体性特征，国家应对处于弱者的消费者的合法权益加以特别保护。总结我国保护消费者权益的基本原则，可以归为三项：消费者与经营者之间进行交易时应当遵循民法的基本原则，即平等、自愿、公平、诚实原则；国家对消费者合法利益进行保护免受侵害的原则；全体社会对消费者合法进行权益保护的原则。消费者的权益内容通常包括安全权、知情权、自主选择权、公平交易权、求偿权、人格尊严权等。

（一）对消费者权益特殊保护的原则

对消费者权益给予特殊保护是由于消费者利益的特殊性所要求的。消费者购买商品或服务是以满足其个人或家庭的生活需要为目的，因此，其在消费过程中涉及的利益既有经济利益，又有生存、生命安全与健康等利益。生命权、安全权、健康权等是人类最基本的生存利益，是最基本的人权，全社会均应给予高度重视。而经营者所关心的则是经济利益，因此，由于经营者与消费者利益形态的差异，必然要求对消费者予以特殊的保护。

从消费者经济利益上来说，虽然消费者与经营者从事交易，在法律地位上是平等的，但这种平等只是一种形式上的平等，并不代表实质上的平等。商品或消费的信息偏于经营者一方，消费者不仅对商品或服务的了解、选择、判断需要依赖于经营者，而且关于商品的正确使用也要依赖于经营者。消费者实现消费目的大多是以消费合同或格式合同的形式实现，并且消费者是单个的个人，而经营者往往拥有庞大的组织机构和雄厚的经济实力，消费者在与经营者的交易中总是处于劣势地位，消费者的利益很容易受到经营者的侵害，所以需要对消费者给予特殊保护。

（二）国家干预与社会监督的原则

消费者权益受到损害，是市场经济体系的内在问题，必须以国家和社会力量来解决。国家应当保护消费者的合法权益。国家对消费者给予帮助，可以采用以下手段：

1．通过立法、执法和司法活动加强对消费者权益的保护；

2．设立专门的消费者保护机构。

第二节　消费者权益保护法律体系

消费者权益保护法律是指调整因保护消费者为生活需要购买、使用商品或者接受服务的合法权益而发生的社会关系的法律规范的总称。它是由一系列法律规范组成的，涉及产品质量、计量、标准、价格等与消费者权益相关的法律法规。

消费者法律保护体系是指涉及消费者保护的各种法律规范所组成的有机整体。消费者法律保护体系包含《中华人民共和国消费者权益保护法》和其他专门的消费者保护单行法律、行政法规和地方性法规、政府规章，以及其他法律和法规中有关消费者保护的法律规范共同组成的有机整体。

组成消费者法律保护体系的各种法律规范都具有相同的功能，即具有保护消费者利益的特定法律功能。它包括民法、经济法、刑法、行政法以及程序法等诸多领域，涉及的内容极为广泛。

第三节　消费者权益保护法律机制

一、民法保护

（一）合同法提供公平交易的基本行为准则和救济方法

消费者依法享有的公平交易权、知情权、选择权等，主要由合同法保护，这尤其体现在合同的订立方面。

（二）侵权行为法对产品和服务造成的损害提供救济

侵权责任法中，关于产品责任的确定，无过失责任、惩罚性赔偿、精神损害赔偿及其相关配套制度的适用，使得消费者的损害能够得到较充分的救济。其在产品责任、生产者的服务责任、专家责任、欺诈、虚假陈述的侵权责任等方面的发展动态也预示着其今后的发展方向。

二、经济法保护

经济法是国家管理经济的工具，是处理政府与市场关系的最有效手段。经济法中的多数部门法都与消费者权益保护关系密切，如反不正当竞争法、产品质量法、食品安全法、药品管理法、广告法、价格法等。此外，金融法、保险法、旅游法、税法等也都涉及消费者利益。

（一）竞争法对消费者的直接与间接保护

1．竞争法以消费者保护为终极目标

竞争法与消费者保护关系密切。通过竞争机制，可以使消费者享受到高质量低价格的产品和优质的服务。反垄断法的任务就是要求这些企业的产品和服务的价格保持在与市场竞争条件相适应的水平，目的是维护消费者的权益。竞争法中的消费者的权益主要是指消费者选择商品和自主交易的权利。

2．竞争法对消费者的直接保护

在竞争法中对消费者的直接保护主要体现在以下几个方面：

（1）在立法目的上，直接表明保护消费者的立法用意；

（2）在调整对象上，直接规制侵害消费者权益的市场行为；

（3）在竞争法的实施途径方面规定了消费者的诉权；

（4）在救济制度上规定了惩罚性赔偿制度。

3．竞争法对消费者的间接保护

消费者在市场交易中的权利集中体现为自由选择权和公平交易权。竞争法在实现公平自由的竞争秩序这一目的的同时，实现了对消费者的间接保护。

（二）产品质量规制制度对消费者健康与安全的保护

我国产品质量管理的法律规范体系，是以产品质量法为核心，包括食品安全法、药品管理法、消费者权益保护法等法律法规中的法律规范共同组成。产品质量管理的法律规范体系又是消费者权益保护法律体系中的重要组成部分，担当着保护消费者健康和安全的法律职能。

（三）广告与标识法律制度对消费信息提供的法律规制

广告是指通过一定媒介和形式直接或间接地介绍自己所生产的商品或者提供的服务的行为。为保护消费者，使其获得正确资讯并作出合理选择，各国均通过广告法等相关立法对信息的提供进行规制，防止欺诈的发生。

（四）价格规制制度对消费者利益的保护

在消费交易中，价格是与消费者利益密切相关的因素。价格是否合理，直接影响到消费交易本身是否公平合理。正因为如此，各国都通过竞争法、价格法和其他各类市场管理法来规范和制约市场主体的价格行为。

价格规制制度的主要内容包括以下几个方面：

1．限制经营者的价格垄断行为，防止市场主体通过相互串通或者滥用市场支配地位，操纵市场价格；

2．重点规制价格表示与价格欺诈行为，做到明码标价，防止经营者利用虚假的或者使人误解的标价形式或者价格手段，欺骗、诱导消费者；

3．制止利用价格牟取暴利的行为。

三、行政法保护

（一）行政保护的内容与作用

消费者行政保护的内容主要包括：

1．对企业活动的规制

(1) 确保商品和服务的安全；

(2) 确保公平合理的交易条件；

(3) 确保合理的标识和广告；

(4) 确保适当的推销行为和合理的合同内容。

2．对消费者的支援

对消费者的支援，是指消费者保护行政机关向消费者提供商品检验信息，进行消费者教育、咨询，受理消费者投诉等向消费者提供服务的活动。

(二) 消费者行政法的内容与作用

消费者行政法包括消费者行政组织法、消费者行政行为法和消费者行政监督法。其中对消费者保护影响最大的是消费者行政组织法，因为它决定着消费者行政保护组织机构的设立及职能的承担。

消费者行政组织法是关于消费者保护行政机构的设置、编制、行政权限、职能、职责等方面的规则。在我国，消费者保护的行政组织体系尚未完全建立。

消费者行政行为法对消费者的保护作用体现在两个方面：

1．它使国家行政机关有权发布规范性文件；

2．授权国家行政机关依法对特定公民、法人或者其他组织，就特定事项作出能产生行政法律后果的单方职权行为。

消费者行政监督法是行政执法公平、公正及防止腐败的重要保证。

四、刑法保护

刑法对消费者的保护主要体现在以下两个方面：

（一）刑法对消费者安全利益的保护

根据我国刑法的规定，有关消费者人身安全、健康的保护规定主要体现为生产、销售伪劣商品罪，危害公共卫生罪及破坏环境资源保护罪。

（二）刑法对消费者经济利益的保护

我国刑法对消费者经济利益的保护主要体现在对金融诈骗罪、侵犯知识产权罪、扰乱市场秩序罪的规范上。

五、程序法保护

程序法保护主要体现在对消费者争议的解决途径。消费者争议的解决途径主要包括：

（一）非司法解决途径

非司法解决途径，是指通过消费者与经营者协商和解、消费者组织等社会团体的调解以及行政机关的处理、消费者仲裁等方式解决消费者争议的制度。

（二）司法解决途径

司法解决途径，是指通过向法院提起诉讼的方式，由法院对消费者争议作出处理的制度。司法解决途径是消费者纠纷的最终解决途径，对于不能或不适合通过非诉讼方式解决的消费者纠纷，才通过诉讼方式解决。

六、经营者自律

如果经营者在与消费者的交易过程中严格自律，尊重消费者权益，消费者的权益就可以得到充分的保护。经营者自律的内容分为企业自身的自我管理规则和企业所在的自律组织的从业规则。

七、消费者自我保护与社会保护

（一）消费者自我保护

消费者应当通过积极地接受消费教育，树立正确的消费观念，获得丰富的商品和服务知识，提高自己的权利意识，增强自我保护能力，依法维护自己的合法权益。

（二）社会保护

消费者权益的社会保护，主要包括以下两方面的内容：

1．国家鼓励、支持一切组织和个人对损害消费者合法权益的行为进行社会监督。

2．大众传播媒介应当做好维护消费者权益的宣传工作，对损害消费者合法权益的行为进行舆论监督。

第五章　社会救助

第一节　社会救助制度

一、社会救助的含义及其内容

社会中的每个人都有生存的权利，有劳动能力者可以因就业而获得收入以维持生活，但无劳动能力者或虽有劳动能力但受客观因素影响而失业者，却无法获得维持基本生活的收入，这就需要有国家提供的社会救助制度予以保障。

（一）社会救助的含义

社会救助，也称为社会救济，是指国家和社会对公民因自然灾害、意外事故和个人生理、心理等原因陷入生存危机导致仅靠自身努力难以维持最低限度的生活水平时，依法给予一定的物质或资金帮助和扶助的一种社会保障制度。

由此不难看出，社会救助的对象主要有以下三类人群：

一是因自然灾害、意外事故导致不接受紧急救助就无法维持生活的人；

二是由于先天或后天的因素失去劳动能力的人；

三是虽有劳动能力，但因客观因素导致失业、收入中断或减少，而且无法获得社会保险给付的人。

（二）社会救助的内容

伴随着改革开放的进程和我国经济社会发展的水平不断提高，我国社会救助体系框架已经基本形成。具体而言，当前社会救助工作主要包括以下四个方面的内容：

第一，经常性的社会救助工作。

主要包括城乡最低生活保障、农村“五保”供养、农村特困户生活救助以及城乡医疗救助等专项救助。

第二，紧急救助制度。

紧急救助主要是指在发生自然灾害情况下对灾民的紧急救助和应急救助行动，也包括对灾民延续一段困难生活的救助和民房倒房重建与修复工作的救助。

第三，临时性的救助。

临时性救助主要是指对低收入人群的救助工作和对城市生活无着的流浪乞讨人员，包括流浪儿童的救助。

第四，支持倡导开展社会互助活动。

通过支持慈善事业的发展，培育和发展公益性的民间组织，以及倡导开展群众之间经常性的互助互济活动，来达到社会互助的目的，对困难群众起到帮扶作用。

二、社会救助的特征

与其他的社会保障制度相比较，社会救助制度具有一定的特殊性。

其特殊性主要表现在以下几个方面：

1．国家和社会的责任与公民权利的统一。

我国宪法第四十五条第一款规定："中华人民共和国公民在年老、疾病或者丧失劳动能力的情况下，有从国家和社会获得物质帮助的权利。国家发展为公民享受这些权利所需要的社会保险、社会救济和医疗卫生事业。"随着现在保障制度的发展，确立了贫困者也有相应权利的观念，从而对贫困者的救助成为国家的一种责任。

2．社会救助资金的流向仅从国家等相关机构或组织流向被救助对象，具有单向性。

社会救助作为国家或者社会的一种责任，资金来源于财政拨款和社会捐助。因此，社会贫困者获得救助是无偿的，一旦符合受救助条件，即可获得相应救助。

3．获得救助的前提条件是被救助对象处于贫困状态。

申请和获得救助公民应当提供收入状况、财产状况、劳动力等情况以便相关机构审查核实。一旦符合条件就能得到相应救助。

4．救助标准是最低的。

由于救助的对象主要是基于贫困的因素，因此社会救助提供的物质帮助和服务并不能使其摆脱贫困，仅仅能维持其基本生活需要。

5．救助必须符合一定的法定程序。

6．救助手段和形式灵活多样。

救助可以采用现金救助，也可以采用实物救助；既有对临时遇上困难的人的应急救助，又有对弱势群体的长期救助。

三、社会救助的对象

社会救助的对象面向社会全体成员，但由于其是以社会成员的生活条件及状况为出发点，因此并非所有的社会成员都符合享受社会救助的标准。因社会成员需要救助的原因不同，故对社会救助的对象自然也有不同的分类方法。

（一）按照公民收入水平及生活状况划分

按照公民收入水平及生活状况可以做以下划分：

一是“三无人员”。

即无依无靠、无生活来源、无法定抚养、扶养人的社会成员，包括孤儿、孤老等。

二是灾民。

即遭受灾祸严重袭击时生活一时陷入困境的社会成员。

三是贫困人口。

即生活水平低于国家规定最低标准的社会成员。

（二）按照公民群体居住地域划分

按照公民群体居住地域可以做以下划分：

1．农村村民救助对象

农村村民救助对象包括五保户、一般困难户、特殊困难户。

五保户指农村缺乏劳动力、生活没有依靠的未成年人、鳏、寡、孤、独和残疾人。“五保”是指保吃、保穿、保住、保医和保葬（孤儿保教）。一般困难户，主要是指因个人能力在生产、经营、竞争中落伍等因素造成的，自力维持基本生活有一定困难的村民。特殊困难户是指因个人能力在生产、经营、竞争中落伍等因素造成的，自力维持基本生活有很大困难的村民。

2．城市居民救助对象

包括“三无”人员，即无劳动能力、无依无靠、无生活来源的鳏、寡、孤、独、未成年人和残疾人。一般困难户，即因个人能力在生产、经营、竞争中落伍等因素造成的，自力维持基本生活有一定困难的居民。特殊困难户是指因个人能力在生产、经营、竞争中落伍等因素造成的，自力维持基本生活有很大困难的居民。

3．按照公民群体划分。

按照公民群体划分可以做以下划分：

(1) 未成年人救助对象。

包括流浪未成年人、失学未成年人、贫困未成年人、孤残未成年人和重症未成年人。

(2) 老年人救助对象。

包括精减退职“三无”老职工和其他的特殊救济对象。

(3) 残疾人救助对象。

即因伤病遗传等因素造成的生理或心理功能异常的，部分或全部丧失正常生活及劳动能力的生活困难人员。

(4) 失业者救助对象。

(5) 城乡医疗救助对象。

(6) 流浪乞讨对象。

(7) 其他救助对象。

四、社会救助的原则

关于社会救助的基本原则，可归纳总结为以下五个方面：

1．与经济社会发展水平相适应；

2．与其他社会保障制度相衔接；

3．保障基本生活；

4．鼓励劳动自救；

5．公开、公平、公正、及时。

五、社会救助的方法

（一）提出申请

需要获得社会救助的个人或者家庭，可以向户籍所在地的街道办事处或者乡、镇人民政府申请社会救助。

（二）申请的形式和内容

申请社会救助的个人或者家庭，应当以书面形式载明申请事由，并如实填报个人或者家庭有关情况，必要时还应当提供有关证明材料。

（三）对申请内容的核查

街道办事处或者乡、镇人民政府收到社会救助申请之日后，会对申请人所填报的有关情况以及申请人个人或者家庭的实际生活水平进行核查。街道办事处或者乡、镇人民政府也可以委托申请人户籍所在地的居民委员会或者村民委员会进行核查。

（四）审查批准

街道办事处或者乡、镇人民政府在核查结束后，对申请作出批准或者不予批准的决定。决定批准的，应当报送区、县民政部门备案；决定不予批准的，应当书面通知申请人，并说明理由。

（五）批准决定的执行

经批准给予社会救助的个人或者家庭，除法定情形外，由街道办事处或者乡、镇人民政府按照相关规定给予社会救助。

经批准给予社会救助的个人或者家庭，其本人或者户主及其配偶为企业、事业单位、机关或者社会团体（以下简称单位）职工的，街道办事处或者乡、镇人民政府应当将批准决定书面通知其所在单位，由所在单位按照规定给予社会救助。

（六）救助标准

社会救助的标准由街道办事处或者乡、镇人民政府根据接受社会救助的个人或者家庭的实际生活水平确定，具体款额应当使其生活水平不低于最低生活保障标准。

六、社会救助的作用

社会救助是我国社会保障的核心内容，其最根本的目的是扶贫济困，保障困难群体的最低生活需求。社会救助制度提供的仅仅是满足最低生活需求的资金或实物，目的是在公平与效率之间寻求适度的平衡。它不问致贫原因，只看受助者是否真正贫困，是社会保障制度中的最后一道“安全网”。它不仅有利于保护社会成员的基本生活，促进社会经济的发展和繁荣，更重要的是有效地弥补了社会保险制度的不足，增强了弱势群体的竞争力，促进了社会公平，稳定了社会秩序。

第二节 最低生活保障制度

最低生活保障制度，简称低保，是社会保障体系中社会救助制度的一个重要组成部分，被喻为维护社会稳定、保障人民基本生活的最后一道“防护网”。

一、最低生活保障制度的概念

最低生活保障制度是社会保障体系的一项重要内容，指政府和社会对生活在最低贫困线以下的贫困人口实施最低的生活需要的物质帮助，以保证该家庭成员基本生活所需的一项社会救济制度。

最低生活保障制度的特点主要表现在以下三个方面：

一是保证贫困人口基本生活的生活费用补贴。

二是为贫困人口提供的一种救济。

三是具有临时性。原先享受最低生活保障的人口或家庭，如果收入有所增加，超过了规定的救济标准，则不再享受最低生活保障救济。

最低生活保障是我国的一种传统做法，但其过去的含义与今日相比有很大不同。在过去，救济对象被分成不同类型，实行差别待遇。20 世纪 80 年代以来，不少地方纷纷探索救济方式的改革。1993 年，上海市在全国率先建立最低生活保障制度，至 1996 年在全国范围内铺开。1999 年 9 月，《城市居民生活最低保障条例》经国务院审定并于同年 10 月 1 日在全国施行，意味着城市居民最低生活保障制度在全国范围内全面推行，是我国社会救助工作发展的一个重要标志。

二、最低生活保障制度的基本原则

作为社会最后一道“安全阀”的最低生活保障制度，应遵循的原则包括：

（一）生存保障原则

生存权是公民在现代生活中最为重要的权利，也是享受其他合法权利的基础，保障公民的生存权是国家和社会的当然职责和基本义务。

（二）普遍性原则

任何公民，只要符合最低生活保障制度的要求，都应该享受这一救助，他曾经的状况和收入在所不问，是对全体社会成员普遍适用的标准。

（三）维护受助者的尊严原则

（四）与当地实际生活联系的原则

《城市居民最低生活保障条例》第六条规定，城市居民最低生活保障标准，按照当地维持城市居民基本生活所必需的衣、食、住费用，并适当考虑水电燃煤（燃气）费用以及未成年人的义务教育费用确定。

三、最低生活保障制度的基本内容

（一）申请对象

根据劳动和社会保障部、民政部、财政部发布的《关于做好国有企业下岗职工基本生活保障和城市居民最低生活保障制度衔接工作通知》（劳社部发〔1999〕13 号）的规定，下岗职工、失业人员、企业离退休人员和在职职工，在领取基本生活费、失业保险金、养老金、职工工资期间，家庭人均收入低于当地最低生活保障标准的，可以申请城市居民最低生活保障金。各地劳动保障部门要定期将本地国有企业下岗职工基本生活费、失业保险金、离退休人员养老金发放情况通报同级民政部门。民政部门要将本地职工家庭享受城市居民最低生活保障情况，以及因未按时足额领取工资（最低工资）、基本生活费、失业保险金或养老金而造成家庭人均收入低于当地城市居民最低生活保障标准的情况，及时反馈给劳动和社会保障部以及财政部。

下列三类人员可以申请城市居民最低生活保障金：

1．无生活来源、无劳动能力、无法定赡养人或扶养人的居民；

2．领取失业救济金期间或失业救济期满仍未能重新就业，家庭人均收入低于最低生活保障标准的居民；

3．在职人员和下岗人员在领取工资或最低工资、基本生活费后以及退休人员领取退休金后，其家庭人均收入仍低于最低生活保障标准的居民。

（二）如何申请

按照国务院发布的《城市居民最低生活保障条例》，持有非农业户口的城市居民，凡共同生活的家庭成员人均收入低于当地城市居民最低生活保障标准的，均有从当地人民政府获得基本生活物质帮助的权利。

申请享受城市居民最低生活保障待遇，由户主向户籍所在地的街道办事处或者镇人民政府提出书面申请，并出具有关证明，填写《城市居民最低生活保障待遇审批表》，由城市居民所在地的街道办事处或镇人民政府初审，并将有关材料和初审意见报送县级人民政府民政部门审批。

（三）资金来源

《城市居民最低生活保障条例》第五条规定，城市居民最低生活保障所需资金，由地方人民政府列入财政预算，纳入社会救济专项资金支出项目，专项管理，专款专用。国家鼓励社会组织和个人为城市居民最低生活保障提供捐赠、资助；所提供的捐赠资助，全部纳入当地城市居民最低生活保障资金。

（四）最低生活保障标准

城市居民最低生活保障标准，按照当地维持城市居民基本生活所必需的衣、食、住费用，并适当考虑水电燃煤（燃气）费用以及未成年人的义务教育费用确定。直辖市、设区的市的城市居民最低生活保障标准，由市人民政府民政部门会同财政、统计、物价等部门制定，报本级人民政府批准并公布执行；县（县级市）的城市居民最低生活保障标准，由县（县级市）人民政府民政部门会同财政、统计、物价等部门制定，报本级人民政府批准并报上一级人民政府备案后公布执行。城市居民最低生活保障标准需要提高时，依照前述规定重新核定。

（五）最低生活保障待遇的申领程序

对经批准享受城市居民最低生活保障待遇的城市居民，由管理审批机关采取适当形式以户为单位予以公布，接受群众监督。任何人对不符合法定条件而享受城市居民最低生活保障待遇的，都有权向管理审批机关提出意见；管理审批机关经核查，对情况属实的，应当予以纠正。

城市居民最低生活保障待遇由管理审批机关以货币形式按月发放；必要时，也可以给付实物。

我国最低生活保障制度的建立，一方面保障了公民的基本生活；另一方面也缓解了贫富差距带来的社会危机，为经济发展提供了一个稳定的社会环境。同时也有利于扩大内需，拉动经济发展。

第三节 灾害救助制度

灾害是指对人类社会物质财富造成损失和人身造成伤亡的各种自然现象的总称，是一直伴随人类社会发展的破坏性因素，并迫使人类社会考虑建立灾害救助机制来应对其后果。威胁人类社会的自然灾害很多，如地震、旱灾、水灾、飓风、火灾等。国家和社会对灾区的灾民提供粮食、衣被等救助。灾害救助制度有力地保障了灾区人民的基本生活。

一、灾害救助的含义

灾害救助是指国家和社会给予在遭受各种自然灾害及其他特定灾害事件的袭击中陷入生活困难的社会成员的用以帮助其渡过特殊困难所需的现金或实物的社会救助体系。主要目的是通过对遭遇灾害袭击的社会成员的帮助，恢复他们正常的社会生活秩序，同时减少受灾地区的损失。

二、灾害救助的特征

灾害救助是为了应对各种突发性的灾难，帮助受灾人群，维护社会稳定和秩序。其主要特征有：

（一）灾害救助时间的急迫性

由于灾害的发生多数情况下是突发的和严重的，遭遇灾害的社会成员可能因此而迅速陷入生活困境，造成人身伤亡、流离失所，等等。因此需要及时救助。

（二）灾害救助的非经常性

遭遇灾害的社会成员的生活困境是暂时的，灾害发生时才需要，灾害没有发生时就不需要。

（三）灾害救助的不确定性

灾害的发生无法确定，即灾害发生的时间、地点、损害后果、财产损失等都是未知的，因此其救助方式是不确定的。

（四）灾害救助内容和方式的多样性

由于灾害所造成的结果是多方面的，包括财产损失、人身伤亡、疾病疫情、基础设施受损，等等。因此，只能根据具体发生的灾害时间、地点等多种因素来采取实际有效的方式进行救助。

三、灾害救助的内容

在实践中，灾害救助的主要内容包括：

（一）救助灾民生命

在各种灾害发生时，对处于其中的社会成员的生命安全构成严重威胁，因此，发生灾害后首要实施的抢救内容就是救护灾民的生命。

（二）为灾民提供基本生活保障

一旦发生灾害，往往就会使灾民的衣、食、住、行、医等生存条件受到损害，因此必须为灾民提供保障生命需要的各种物资。

（三）安抚灾民，实施心灵救助

灾害发生后，对经历其中人的精神和心理的伤害是无形的，实施心灵救助，就会对灾民的心理和精神世界的重构产生良好的影响，有利于灾民早日摆脱灾害所造成的心理阴影。

（四）帮助灾民增强自立自强的能力

灾民在大规模的救灾活动停止后，需要依靠自身的力量进行正常的物质和精神生活，帮助灾民增强自立自强的能力，这是最为关键的一环。

四、我国当前灾害救助制度的现状

我国是世界上受自然灾害影响最为严重的国家之一，也是巨灾频发的国家，几乎每年都发生多次重特大自然灾害，造成了重大的人员伤亡和巨大的财产损失。灾害不仅给我们带来了伤痛，也促使我们进行反思。

2010 年 6 月 30 日，国务院常务会议通过了《自然灾害救助条例》，并于同年 9 月 1 日正式实施。2010 年 7 月 14 日，国务院法制办负责人在解读《自然灾害救助条例》的出台背景时，曾这样概括我国自然灾害救助的“短腿”：“灾害救助准备措施不足，应急响应机制不完善，灾后救助制度缺乏，救助款物监管不严等。”可见，在严重自然灾害频发、“以人为本”理念深入人心的背景下观察，我国的救灾救助体制仍有进一步完善的空间。

我国灾害救助机制的完善，应按照国务院最新颁布的《自然灾害救助条例》进行，总体原则是：以人为本、政府主导、分级管理、社会互助、灾民自救。具体说来，应做好以下工作：

第一，完善和加强灾害预警体系建设；

第二，加强基础设施建设，增强防灾抗灾能力；

第三，加强灾害知识宣传教育和普及培训工作，提高国民灾害防护意识和自救能力；

第四，建立较为完整的国家灾害救助标准体系；

第五，建立救灾资金多元投入体制；

第六，发展巨灾保险，建立灾害风险社会共担机制；

第七，建立专业化的救灾队伍和群众性防灾组织；

第八，加大资源整合力度，优化救助管理；

第九，建立灾害救助制度的评估和监控体系；

第十，科学对待灾后重建。

当前，我国虽然在自然灾害救助标准方面建立了相关的法规制度，并随着经济社会的发展和救灾管理体制的不断完善，逐步增加了灾害救助项目、提高灾害救助标准，但还没有建立较为完整的国家灾害救助标准体系。为使受灾群众基本生活得到更好的保障，我国灾害救助标准应得到进一步细化和完善，进而形成比较健全的国家灾害救助标准体系。

第四节　专项救助制度

除了上述的各种救助制度外，还有针对特定人群和事项的救助制度，如我国农村“五保”供养制度、城市流浪乞讨人员救助管理制度、扶贫开发政策等。

一、农村“五保”供养制度

（一）“五保”供养的含义

“五保”供养是指为农村缺乏劳动力、生活没有依靠的未成年人、鳏、寡、孤、独、残疾人提供的生活帮助和照顾的一项制度。“五保”是指保吃、保穿、保住、保医和保葬（孤儿保教）。

（二）“五保”供养的对象

《农村五保供养工作条例》第六条规定：“老年、残疾或者未满16周岁的村民，无劳动能力、无生活来源又无法定赡养、抚养、扶养义务人，或者其法定赡养、抚养、扶养义务人无赡养、抚养、扶养能力的，享受农村五保供养待遇。”

因此，“五保”供养的对象是指农村村民中符合下列条件的老年人、残疾人和未成年人：

1．无劳动能力的；

2．无生活来源的；

3．无法定扶养义务人，或者有法定扶养义务人，但扶养义务人无扶养能力的。

（三）“五保”供养的内容

《农村五保供养工作条例》第九条规定了农村“五保”供养包括下列供养内容：

1．供给粮油、副食品和生活用燃料；

2．供给服装、被褥等生活用品和零用钱；

3．提供符合基本居住条件的住房；

4．提供疾病治疗，对生活不能自理的给予照料；

5．办理丧葬事宜。

农村“五保”供养对象未满16周岁或者已满16周岁仍在接受义务教育的，应当保障他们依法接受义务教育所需的费用。农村“五保”供养对象的疾病治疗，应当与当地农村合作医疗和农村医疗救助制度相衔接。

（四）“五保”供养的标准

农村“五保”供养标准不得低于当地村民的平均生活水平，并根据当地村民平均生活水平的提高适时调整。农村“五保”供养标准，可以由省、自治区、直辖市人民政府制定，在本行政区域内公布执行，也可以由设区的市级或者县级人民政府制定，报所在的省、自治区、直辖市人民政府备案后公布执行。国务院民政部门、国务院财政部门应当加强对农村“五保”供养标准制定工作的指导。

（五）“五保”供养资金的来源

农村“五保”供养资金，在地方人民政府财政预算中安排。中央财政对财政困难地区的农村“五保”供养，在资金上给予适当补助。有农村集体经营等收入的地方，可以从农村集体经营等收入中安排资金，用于补助和改善农村“五保”供养对象的生活。农村“五保”供养对象将承包土地交由他人代耕的，其收益归该农村“五保”供养对象所有。农村“五保”供养资金，应当专门用于农村“五保”供养对象的生活，任何组织或者个人不得贪污、挪用、截留或者私分。

（六）“五保”供养的方式

农村“五保”供养对象可以在当地的农村“五保”供养服务机构集中供养，也可以在家分散供养。农村“五保”供养对象可以自行选择供养形式。

（七）“五保”供养的管理机构

国务院民政部门主管全国的农村“五保”供养工作；县级以上地方各级人民政府民政部门主管本行政区域内的农村“五保”供养工作。乡、民族乡、镇人民政府管理本行政区域内的农村“五保”供养工作。村民委员会协助乡、民族乡、镇人民政府开展农村“五保”供养工作。

二、城市生活无着的流浪乞讨人员救助管理制度

2003 年 6 月 18 日国务院第 12 次常务会议通过并公布《城市生活无着的流浪乞讨人员救助管理办法》，这标志着新型社会救助管理制度的开始。

（一）救助对象

救助对象是在城市生活无着的流浪、乞讨人员（以下简称流浪乞讨人员）。

（二）救助机构

县级以上城市人民政府应当根据需要设立流浪乞讨人员救助站。县级以上人民政府民政部门负责流浪乞讨人员的救助工作，并对救助站进行指导、监督。公安、卫生、交通、铁道、城管等部门应当在各自的职责范围内做好相关工作。

（三）救助内容

救助站应当根据受助人员的需要提供下列救助：

1．提供符合食品卫生要求的食物；

2．提供符合基本条件的住处；

3．对在站内突发急病的，及时送医院救治；

4．帮助与其亲属或者所在单位联系；

5．对没有交通费返回其住所地或者所在单位的，提供乘车凭证。

6．应当按性别分室提供住处，女性受助人员应当由女性工作人员管理；

7．保障受助人员在站内的人身安全和随身携带物品的安全，维护站内秩序。

☆《中华人民共和国公益事业捐赠法》重点知识解读

一、立法背景

改革开放以来，我国的公益事业捐赠活动得到很快发展，对促进教育、科学、文化、卫生以及其他社会公共事业和福利事业的发展发挥了重要作用。随着改革开放的深入和经济的发展，今后各种捐赠会越来越多，在社会生活中的作用将会更大，对加强中华民族的凝聚力方面也将产生很大影响。但是，我国目前对捐赠的管理措施不够完善，如受赠主体混乱，对捐赠款物的管理和监督机制不健全；一些单位和个人占用、挪用甚至贪污捐赠款物，假借捐赠名义进行走私、骗汇、逃税和营利活动等，损害了国家和公众利益。

为了解决这些问题，从1996年年初开始，全国人民代表大会常务委员会法制工作委员会同华侨委员会着手研究公益事业捐赠法的起草工作，历经三年，1999 年 6 月 28 日第九届全国人民代表大会常务委员会第十次会议审议通过了《中华人民共和国公益事业捐赠法》。

这部法律的颁布实施，对鼓励捐赠，规范捐赠和受赠行为，保护捐赠人、受赠人和受益人的合法权益，促进公益事业的发展具有重大意义。

二、主要内容

《中华人民共和国公益事业捐赠法》共 6 章 32 条，主要包括适用范围、捐赠和受赠、捐赠财产的使用和管理、优惠措施、法律责任等方面的内容。

（一）调整范围

根据公益性捐赠的特点，公益事业捐赠法对调整范围作了规定，即自然人、法人或者其他组织自愿无偿向依法成立的公益性社会团体和公益性非营利的事业单位捐赠财产，用于公益事业的，适用本法。

其中：公益事业主要包括以下几类：

1．救助活动，如救助灾害、救济贫困、扶助困难的社会群体和个人的活动；

2．教育、科学、文化、卫生事业；

3．环境保护、公共设施建设等社会公共事业。

公益性社会团体是指以从事公益事业为宗旨的基金会、慈善组织等社会团体。公益性非营利的事业单位是指以从事公益事业为目的的非营利的学校、科学研究机构、医疗卫生机构、社会公共文化机构和社会福利机构。

（二）受赠主体

目前，受赠单位的种类比较多，有国家机关，社会团体，各类基金会，科研机构、学校、医院，还有村委会、居委会等。为了促进公益性捐赠事业的健康发展，公益事业捐赠法对受赠主体作了规范，原则上由公益性社会团体和公益性非营利的事业单位接受捐赠，向它们捐赠可享受本法规定的优惠待遇。除此以外，捐赠人仍然可以自愿向其他组织和个人进行捐赠，但其权利义务关系不由本法调整，而由民事方面的其他法律调整。

县级以上人民政府可以接受以下捐赠：

一是救助灾害时可以接受捐赠，以便及时救灾抢险；

二是一些海外捐赠者出于对人民政府的信任，要求政府作为受赠者的情况下，政府可以接受捐赠。

接受捐赠的人民政府可以将受赠财产转交公益性社会团体或者公益性非营利的事业单位；也可以直接分发或者兴办公益事业，但是不得以本机关为受益人。

（三）对捐赠财产的监督管理

规范捐赠财产的使用和管理，建立有效的监督机制，对保障公益事业的健康发展具有重要作用。公益事业捐赠法对捐赠财产的监督管理从四个方面作了规定：

一是受赠人的管理。

受赠人接受捐赠后，应当向捐赠人出具合法、有效的收据，将受赠财产登记造册，妥善保管。受赠人应当依照自己的章程，建立健全财务会计制度和受赠财产的分配使用制度，定期向社会公布收支情况，并向捐赠人通报受赠财产的使用情况。

二是政府监督。

受赠人每年度应当向有关主管部门报告财务收支情况，接受监督。必要时，有关主管部门可以对其财务进行审计。

三是捐赠人的监督。

捐赠人有权查询捐赠财产的使用管理情况，并提出意见和建议。对于捐赠人的查询，受赠人应当如实答复。

四是社会监督。

公益性社会团体和公益性非营利的事业单位接受捐赠的情况和对受赠财产的管理、使用情况，应当向社会公开，接受社会监督。

（四）捐赠的优惠措施

国家为了鼓励捐赠活动，对捐赠人从税收等方面给予优惠待遇。公益事业捐赠法根据我国国情和现行做法，对捐赠人的优待作了原则规定：

一是企业所得税方面的优待。

二是个人所得税方面的优待。

三是减免进口税收。

关于上述税收优惠的具体办法，由国务院规定。

三、典型案例

石继斌、余红武的女儿石晓燕原系合肥市虹桥小学学生。2004年12月16日，石晓燕经合肥市第一人民医院诊断患有再生障碍性贫血。2004年12月16日至2004年12月19日，石晓燕在该院住院，医院预测石晓燕所需医药费巨大，为石晓燕家庭所不能承受。为此，石晓燕所在班级、合肥市虹桥小学、中国共产主义青年团合肥市庐阳区教育局委员会、合肥市庐阳区少先队总队向局属各单位发起了募捐活动，倡议广大同学“献出点滴爱心，用大家温暖的双手共同呵护石晓燕同学的生命之光”。因情况紧急，中国共产主义青年团合肥市庐阳区教育局委员会、合肥市庐阳区少先队总队在向局属各单位发出的《关于开展向石晓燕同学捐款的通知》中要求各单位将捐款直接送至合肥市虹桥小学。安徽省合肥市虹桥小学陆续经手收取了合肥市庐阳区教育局所属单位及个人捐款 90254.1 元及 4 美元，其他捐款 2100 元，合计 92354.1 元。此外，石继斌、余红武直接经手收取了不少于 7750 元的捐款。2004 年 12 月 22 日至 2005 年 1 月 19 日，石晓燕在安徽医科大学第一附属医院住院 28 天，用去医药费 47662 元。石继斌在其所在单位安徽省第一建筑工程公司报销医药费 19230 元，石继斌已领取了 9230 元，余款 1 万元尚未领取。2005 年 1 月 18 日，石晓燕因病去世。2005 年 1 月 31 日，合肥市虹桥小学将其所收取的捐款 92354.1 元扣除已支付给石继斌、余红武的 36662.3 元及募捐活动中请记者、购买鲜花及营养品花费的 219 元后的余款 55472.8 元，交至中国共产主义青年团庐阳区教育局委员会。后石继斌、余红武与合肥市虹桥小学为剩下善款的数额和归属发生争议。

【案件评析】

本案涉及的是附条件捐赠的特定赠与行为。附义务赠与是对赠与附加一定的条件，但不同于附条件的赠与，在募捐活动中，众多的捐赠者的捐赠行为系附义务赠与行为，受赠人接受赠与的权利以履行为受捐赠者的医治的义务为前提。现受捐赠者已去世，医治受捐赠者这一义务已无法履行，受赠人即无法享有接受赠与的权利。众多的捐赠者与善款管理者形成了事实上的委托代理关系，善款在委托人与代理人之间流转并不发生所有权的转移。

☆《中华人民共和国红十字会法》重点知识解读

一、立法背景

国际红十字组织自 1862 年成立以来，多数成员国都制定了红十字会法。国际红十字运动经过一百多年的实践，1986 年在日内瓦国际红十字大会第二十五次会议上通过了《国际红十字和红新月运动章程》。章程中确立了红十字运动的七项基本原则，即人道性、公正性、中立性、独立性、志愿服务、统一性和普遍性原则。

我国红十字会成立于 1904 年，中华人民共和国成立后，在中央人民政府的领导下改组建立了中国红十字会。中国红十字会在党和政府的领导、支持下有了很大的发展，并协助政府做了大量工作，取得了一定成绩。我国先后加入《日内瓦公约》及其两项附加议定书。中国红十字会于 1985 年当选为国际红十字会与红新月会联合会执行理事，1989 年成为该联合会副主席，是国际红十字组织的重要成员。中国红十字会已拥有人数众多的会员和基层组织，成为深受人民群众欢迎的社会组织。

为了明确中国红十字会的性质、地位、任务、作用及其与政府的关系等，按照《日内瓦公约》的要求开展各项活动，更好地配合协助政府工作，使中国红十字事业沿着法制化轨道健康地发展，1993 年 10

月31日第八届全国人民代表大会常务委员会第四次会议审议通过了《中华人民共和国红十字会法》。2009年8月27日第十一届全国人民代表大会常务委员会第十次会议对该法进行了修订完善。

这部法律的颁布实施，对保护人民的生命和健康，发扬人道主义精神，促进和平进步事业，保障红十字会依法履行职责具有重大意义。

二、主要内容

《中华人民共和国红十字会法》共6章28条，主要包括组织、职责、标志、经费与财产等方面的内容。

（一）中国红十字会的性质

根据红十字会法的规定，中国红十字会是中华人民共和国统一的红十字组织，是从事人道主义工作的社会救助团体。

中国红十字会作为人民卫生救护和社会福利团体做了大量工作。随着红十字事业的发展，中国红十字会的工作领域不限于卫生救护和一般社会福利工作的范围。同时，根据红十字和红新月国际联合会20世纪90年代战略工作计划的要求，履行人道主义义务是各国红十字会的宗旨。符合国际红十字运动确定的原则，能够保证红十字组织广泛向群众提供服务，多方面地协助政府工作。

（二）中国红十字会的职责

根据国际红十字和红新月运动的宗旨，总结我国开展红十字活动的经验，红十字会法第十五条对中国红十字会的职责作了规定，主要内容是：

1．履行日内瓦公约及其附加议定书规定的职责；

2．开展备灾工作和在自然灾害、突发事件中对伤病人员和其他受害者的救助工作；

3．组织卫生救护培训和参观现场卫生救护，参与输血献血、推动无偿献血；

4．参加国际人道主义救援工作；

5．开展红十字青少年活动以及宣传国际红十字和红新月运动的原则及国际人道主义法等。

（三）红十字标志及其使用范围

红十字标志是依照《日内瓦公约》及其附加议定书的规定在国际上统一使用的标志，其使用范围和条件必须严格依照《日内瓦公约》及其附加议定书的规定，许多国家就红十字标志使用问题制定了专门的法律。针对我国滥用红十字标志的现象，为维护红十字标志的严肃性，保证红十字组织在紧急状态下有效地履行职责，规范国内红十字标志的使用范围，红十字会法明确了红十字标志的两种形式和各自特有的作用，并确定了两种形式红十字标志的使用依据。

（四）红十字会经费的来源途径

为保证红十字会组织正常运转的经费所需，法律规定了多种经费筹集途径，同时规定多种筹集资金的渠道优惠措施。

根据红十字会法的规定，红十字会经费的主要来源有以下几种：

1．红十字会会员缴纳的会费；

2．接受国内外组织和个人捐赠的款物；

3．动产和不动产的收入；

4．人民政府的拨款。

三、典型案例

2000 年 8 月 9 日，赵笑青将其设计的胸卡向国家知识产权局申请外观设计专利，于 2001 年 2 月 17 日获得授权，专利号为 00332056.1。该设计图案右部为救护提示图案，中下部为“V”形布局的“敬、助、老”三个字，在“V”形中上部半嵌入心形图案，心形图案中嵌有十字图案。红十字会认为这一设计侵犯了红十字标志的专用权，因此向法院提起诉讼。

【案件评析】

本案件的争论点之一是是否涉及红十字会标志的专用权，也即红十字会所专用红十字标志与赵笑青设计的胸卡上的红十字标记是否一致的问题。红十字会法第七条明确规定，红十字的专用标志的含义有其特定的组合背景及色彩搭配。使用红色十字标记并不意味着违反了相关法律法规规定的红十字标志。法院对红十字会相关辩护予以否定符合相关法律法规的规定。

附录：

全国人民代表大会常务委员会关于进一步加强法制宣传教育的决议

（2011年4月22日第十一届全国人民代表大会常务委员会第二十次会议通过）

2006年至2010年，我国法制宣传教育第五个五年规划已顺利实施和完成，取得了明显成效。公民的宪法和法律意识明显增强，依法治理和法治创建活动有序推进，社会管理法治化水平进一步提高，法制宣传教育在服务经济社会发展、维护社会和谐稳定、落实依法治国基本方略中发挥了重要作用。现在中国特色社会主义法律体系已经形成，这是我国社会主义民主法制建设史上的重要里程碑，是中国特色社会主义制度逐步走向成熟的重要标志。法律的生命力在于实施。中国特色社会主义法律体系形成后，有法必依、执法必严、违法必究的任务更为突出、更加紧迫，对加强法制宣传教育提出了新的更高的要求。为适应全面建设小康社会和“十二五”时期经济社会发展需要，全面落实依法治国基本方略、加快建设社会主义法治国家进程，进一步增强全社会法治观念，有必要从2011年到2015年在全体公民中组织实施法制宣传教育第六个五年规划。为此，特作决议如下：

一、深入学习宣传以宪法为统帅的中国特色社会主义法律体系。要突出抓好宪法的学习宣传，深入学习宣传宪法确立的我国的国体政体、根本制度、根本任务、公民的权利和义务等主要内容和精神，进一步增强公民的宪法意识和社会主义民主法治观念，形成崇尚宪法、遵守宪法、维护宪法权威的良好氛围。深入学习宣传形成中国特色社会主义法律体系的重大意义、基本经验、基本特征，深入学习宣传中国特色社会主义法律体系的基本法律和促进经济发展、保障和改善民生、加强社会管理、反腐倡廉相关法律法规。深入开展社会主义法治理念教育，推进社会主义法治文化建设，弘扬社会主义法治精神，形成人人自觉学法守法用法和依法行政、公正司法的社会环境。

二、进一步增强法制宣传教育的针对性和实效性。法制宣传教育的对象是一切有接受能力的公民。广大公务员尤其是各级领导干部要带头学习宪法和法律，系统学习和熟练掌握与履行职责相关的法律法规，不断提高自身法律素质和法治观念，增强科学执政、民主执政、依法执政的自觉性；要充分认识依法行政、公正司法是法制宣传教育最有效的实践，增强依法决策、依法行政、公正司法的能力，不断改善领导方式和执政方式，做全社会学法守法用法的表率。要根据青少年的身心特点和接受能力，结合道德品质教育和公民意识教育，有针对性地加强法制宣传教育，努力培养青少年遵纪守法的行为习惯。企业经营管理人员、事业单位和新经济、新社会组织管理人员应当重点学习掌握与市场经济、经营管理相关的法律法规，增强诚信守法、依法管理、依法经营的观念。要在城乡基层群众中重点宣传与生产生活密切相关的法律法规，引导群众依法维护权益、表达诉求、化解纠纷，提高群众参与基层自治和其他社会管理活动的意识和能力。

三、进一步丰富法制宣传教育的形式和方法。法制宣传教育要深入群众、深入基层，生动活泼、通俗易懂，为群众所喜闻乐见，力戒形式主义。广播、电视、报刊等各类媒体要继续履行好社会责任，通过开办法制栏目（专栏、专版）等，广泛开展公益性法制宣传教育。要充分发挥互联网、移动通信等新兴媒体的特点和优势，积极开展法制宣传教育。要努力办好普法网站，充分发挥政府网及门户网站在法制宣传中的重要平台和示范带动作用。要丰富法制宣传教育进机关、进学校、进企业、进单位、进乡村、进社区的内容和形式，不断增强针对性和实效性。要完善并落实公务员法律学习培训制度，把法制宣传教育纳入公务员理论学习规划和各类干部培训机构教学课程。要充分发挥学校作为法制宣传教育重要阵地作用，保证中小学校法制教育课时、教材、师资、经费“四落实”。要充分运用“12·4”全国法制宣传日开展集中法制宣传教育活动，不断扩大法制宣传教育的覆盖面和渗透力。要坚持法制宣传教育与法治实践相结合，善于运用典型案例剖析和群众关心的热点问题开展法制宣传教育，深入推进多种形式、多种层次的法治实践活动，用法治实践推动法制宣传教育、检验法制宣传教育的实效。

四、完善法制宣传教育的组织领导和保障机制。各国家机关和武装力量、各政党、各社会团体、各企事业单位和各类组织，都要高度重视法制宣传教育工作，积极组织开展本部门、本单位以及面向社会的法制宣传教育。要完善法制宣传教育领导体制和工作机制，加强组织领导，加强执法主体的法制宣传教育责任，加强各部门间的协调配合，形成工作合力。法制宣传教育要纳入各地经济社会发展规划和政府目标管理，法制宣传教育经费列入本级政府财政预算，切实予以保障。各部门、各单位要结合实际，统筹安排，保证法制宣传教育工作正常开展。要进一步加大基层法制宣传教育各项投入，努力为基层深入开展法制宣传教育创造条件。

五、加强对本决议贯彻实施情况的监督检查。要进一步完善法制宣传教育考核评估机制，加强年度考核、阶段性检查。各级人民政府要切实组织实施好法制宣传教育第六个五年规划，做好中期督导检查和终期评估验收，并向本级人民代表大会常务委员会报告。各级人民代表大会及其常务委员会要充分运用执法检查、听取和审议工作报告以及代表视察、专题调研等形式，加强对法制宣传教育工作的监督检查，保证本决议得到贯彻落实。

司法部部长吴爱英就落实“六五”普法规划答记者问

从1985年我国制定第一个五年普法规划至今已经过去二十多年了，如今普法已成为我国社会主义民主法制建设的一件大事。党中央、国务院近期转发了“六五”普法规划，全国人大常委会也通过了进一步加强法制宣传教育的决议，司法部部长、全国普法办主任吴爱英就如何贯彻落实规划和决议回答了记者提问。

“六五”普法目标明确十项任务助力“十二五”

记者：请您介绍一下今后五年法制宣传教育工作的指导思想、主要目标和任务是什么？

吴爱英：在“五五”普法顺利完成后，今年3月，党中央、国务院转发“六五”普法规划，4月，全国人大常委会作出进一步加强法制宣传教育的决议，两个文件为做好新形势下法制宣传教育工作指明了方向。

根据全面落实依法治国基本方略，服务“十二五”时期经济社会发展的新形势，“六五”普法的指导思想是，坚持法制宣传教育与社会主义核心价值体系教育相结合、与社会主义法治理念教育相结合、与社会主义公民意识教育相结合、与法治实践相结合，深入开展法制宣传教育，深入推进依法治理，大力弘扬社会主义法治精神，努力促进经济平稳较快发展和社会和谐稳定，为夺取全面建设小康社会新胜利营造良好法治环境。主要目标是：通过深入扎实的法制宣传教育和法治实践，深入宣传宪法，广泛传播法律知识，进一步坚定法治建设的中国特色社会主义方向，提高全民法律意识和法律素质，提高全社会法治化管理水平，促进社会主义法治文化建设，推动形成自觉学法守法用法的社会环境。

“六五”普法规划确定了法制宣传教育的十项主要任务：突出学习宣传宪法、深入学习宣传中国特色社会主义法律体系和国家基本法律、深入开展社会主义法治理念教育、深入学习宣传促进经济发展的法律法规、深入学习宣传保障和改善民生的法律法规、深入学习宣传社会管理的法律法规、加强反腐倡廉法制宣传教育、积极推进社会主义法治文化建设、继续深化“法律进机关、进乡村、进社区、进学校、进企业、进单位”主题活动、深入推进依法治理。

为了确保这些目标任务的实现，要进一步完善党委统一领导、人大监督、政府实施、各部门配合、全社会共同参与的领导体制和工作机制，强化各级普法依法治理领导小组办公室力量，形成各负其责、协调配合、齐抓共管的普法工作格局；要抓紧研究制定地方部门普法规划或实施意见，切实做好宣传工作，为“六五”普法规划的贯彻实施营造良好的社会氛围；要着力加强法制宣传教育工作制度和评估体系建设，加强调查研究，推动法制宣传教育立法，为深入开展普法依法治理工作提供法制保障；要落实法制宣传教育经费保障；要大力加强法制宣传教育队伍建设和法制宣传教育阵地建设；要努力推进法制宣传教育工作创新，善于运用我国法治建设实践开展法制宣传教育，利用案例开展法制宣传教育，采用群众喜闻乐见的方式开展法制宣传教育，不断提高法制宣传教育实效。

领导干部和青少年将是这次普法的“重中之重”

记者：“六五”普法规划强调要把领导干部和青少年作为法制宣传教育的重中之重，请问其意义何在?

吴爱英：突出重点，区别不同对象有针对性地开展法制宣传教育，是增强法制宣传教育实际效果的重要保证。实践证明，通过抓重点对象普法，能够有效促进全民法制宣传教育的深入开展。规划指出，法制宣传教育的对象是一切有接受教育能力的公民；强调要重点加强对领导干部、公务员、青少年、企事业经营管理人员和农民的法制宣传教育，把领导干部和青少年作为重中之重。

领导干部是中国特色社会主义事业的组织者和领导者，肩负着领导和管理国家各项事业的重要职责。在深入贯彻实施依法治国基本方略、实行依法执政的形势下，提高领导干部法律素质和依法办事的能力水平至关重要。领导干部带头学法守法用法，对于全民普法具有重要表率作用。因此，规划提出要切实加强各级领导干部法制宣传教育工作，不断提高领导干部的法治意识和依法执政、依法决策、依法行政的能力。

青少年是国家的希望，民族的未来。抓好青少年的法制宣传教育工作，不断提高青少年的法律素质，对于青少年的健康成长和国家长治久安都具有重要意义。因此，规划强调要根据青少年的特点和接受能力，结合公民意识教育，有针对性地开展法制宣传教育，引导青少年树立社会主义法治理念和法治意识，养成遵纪守法的行为习惯，培养社会主义合格公民。

通过“典型”起到示范宣传作用

记者：“六五”普法如何深化依法治理和法治实践活动?

吴爱英：深入推进依法治理和法治创建活动，是全面落实依法治国基本方略的具体实践和有效途径。“六五”普法期间，要积极开展多层次多领域的依法治理工作，不断探索、创新和丰富依法治理实践形式。实践中要继续深入推进法治城市、法治县（市、区）创建活动，总结推广经验，建立健全制度，不断提高创建水平。要开展依法行政示范单位创建活动，推进部门行业结合自身特点开展依法治理，健全行政执法程序，规范行政执法行为，强化行政监督和问责，完善执法责任制、执法公示制和执法过错责任追究制，积极推进法律的有效实施，不断提高政府公信力和执行力。要积极开展基层法治创建活动，推进基层依法治理，促进基层民主法治建设。围绕社会热点难点问题和社会管理薄弱环节，开展法制宣传教育和专项治理活动，提高社会管理法治化水平。(新华社记者 / 崔清新)